纪念殷海光先生诞辰一百周年和逝世五十周年

陈鼓应著作集

春蚕吐丝——
殷海光最后的话语

陈鼓应 编

中华书局

图书在版编目(CIP)数据

春蚕吐丝:殷海光最后的话语/陈鼓应编. —北京:中华书局,
2019.3
(陈鼓应著作集)
ISBN 978-7-101-13699-9

Ⅰ.春… Ⅱ.陈… Ⅲ.殷海光(1919~1969)-哲学思想-文集
Ⅳ.B261-53

中国版本图书馆 CIP 数据核字(2019)第 004875 号

书　　　名	春蚕吐丝——殷海光最后的话语	
编　　　者	陈鼓应	
丛 书 名	陈鼓应著作集	
责任编辑	王　璇	
出版发行	中华书局	
	(北京市丰台区太平桥西里 38 号　100073)	
	http://www.zhbc.com.cn	
	E-mail:zhbc@zhbc.com.cn	
印　　　刷	北京市白帆印务有限公司	
版　　　次	2019 年 3 月北京第 1 版	
	2019 年 3 月北京第 1 次印刷	
规　　　格	开本/920×1250 毫米　1/32	
	印张 9⅛　插页 4　字数 190 千字	
印　　　数	1-5000 册	
国际书号	ISBN 978-7-101-13699-9	
定　　　价	58.00 元	

殷海光

雷震、陈鼓应、王晓波（从右到左）在台北景美陈鼓应的家中

《陈鼓应著作集》总序

一

我一生大部分时间都在校园中度过，这期间，两岸历经对立与交流的种种曲折。我的现实人生与学术人生亦颇多波折，两者交互抵触，有时又能相互彰显——现实人生的坎坷，常使学术路途中断，但我"困"而知之，不断激发求知的动能，进而丰富着我的学术人生。

我的著述主要分两类：一是学术专著，二是时感性的文章。后者将以《鼓应文存》为名，另外编成一个系列，包括《失落的自我》、《言论广场》、《台大哲学系事件》、《走进白色恐怖》、《台湾民主运动的脚步》等著作。这一系列反映着我所处的境遇与时代的路痕。

我的专业著作，主要集中在道家各派及三玄四典的研究。《悲剧哲学家尼采》是我的第一本书，这本小书奠定了我学术的基础,接着是《庄子浅说》,用力较深的则是费时多年的《庄子今注今译》。可以说,从尼采到庄子,是我学术路程的一条主线。借着他们,我将现实关怀与学术人生联系在一起。

二

大学期间,受先师方东美中国哲学史课程的影响,我体会到,如果不能了解一个民族的灾难,也就不能理解这个民族文化的深层底蕴。个体生命也是如此,正如叔本华所说:"一定的忧愁、痛苦或烦恼,对每个人都是时时必需的。一艘船如果没有压舱物,便不会稳定,不能朝着目的地一直前进。"我的现实人生与学术人生就是在这样矛盾的状态下并行演进着,恰恰体现了老子祸福相依的哲理。

中青年期间,我常处于逆境中,尼采的冲创意志和庄子在"困苦"中保持定力与超越的心境,对我产生了深远的影响,激励着我迎难而进,永葆生命的昂扬气概。

台湾在二十世纪六七十年代经历了白色恐怖,我在这一时期的学术著作反映了我内心对于自由民主的渴望。到了七八十年代,我在文献和学术论著方面打下基础。作为一个知识分子,在那段时空中,我虽然经受着现实环境的冲击,却还能积极地参与学术、文化上的反思。透过古籍文献的整理与诠释,我不仅得到传统人文思想的熏陶,还表达了对极端化与绝对化的神权思想的反感,阐发了对威权体制下的人身崇拜和造神运动的批判。这一时期,我以尼采和庄子为主的论著,都反映了"任其性命之情"的倾向。接下来,《道家的人文精神》和《庄子人性论》两书的内容,又可以说是"安其性命之情"的展现。

三

《陈鼓应著作集》共二十本,它们分别在海峡两岸不同的时空中写成。有关尼采哲学和存在主义的介绍以及老、庄的注译,都是二十世纪六七十年代在台大校园里完成的。1973 年春夏,因为参与台大校园内的保钓运动、发表时论,我和王晓波在"台大哲学系"事件中首遭整肃。自此以后,我的学术人生被迫中断十余年,直到 1984 年才在北京大学重启学术生涯。

在北大哲学系执教期间,我除了陆续完成道家各派典籍的诠释,也针对当时大陆学界的研究现状,着力于围绕以下三个议题表达不同的观点,并在《哲学研究》等刊物上陆续发表相关论作:第一是中国哲学开端的议题;第二是《易传》的学派归属问题;第三是理学开山祖的问题。这三个重要的议题构成了我的《道家哲学主干说》的中心议题,这将是我的最后一本学术专著。

"9·11 事件"之后,整个世界更加动荡不安,就像司马迁所说"天下共苦,战斗不休",也像泰戈尔《演讲集》中对西方思维方式的描述:"西方人习惯于按照人们所归属的半球不同,而将人类世界断然划分为好的和坏的。这种傲慢的分裂精神严重地伤害了我们,给我国自己的文化世界造成巨大危害。"事实上,战争与冲突的根源多在于东西方文化上的差异。为此,我更愿意站在地球村的视角思考问题。中国哲学儒、墨、道、法各家,传承数千年而蕴涵着中国文化的内涵,各有其普世的价值。这种普世价值,是指在人文精神的照耀下,老、孔、墨、庄的思想都散发出普世的情怀,即老子的贵柔及其宽容心态、孔子的恕道及其家庭伦理、墨子的兼爱与非攻思想、庄子的艺术人生和齐物精神。

四

我们这一代都在内忧外患中度过重重的困境,我生长在动荡时代的福建客家山区。从我有记忆开始,日本军机就在我的家乡频繁轰炸,导致平民死伤无数,给我留下难以磨灭的深刻印象。

由于长时期目击了强权带给人类灾难的战争,逃难、流离、思乡之情始终扰动在我的生命中。然而,尼采的酒神精神、日神精神和《庄子》的"任其性命之情"、"安其性命之情"的洒脱心境,却赋予了我在困境中思索与写作的动力,使我能够在尼采的思想中,寻找到精神的家园,在《庄子》的天地中,寻找到心灵的故乡。

五

台大校园和北大校园是我这一生学术活动的中心点。我从台大哲学系退休之后,晚年又重返北大哲学系任教,有赖于北大哲学系主任王博教授的邀约和学校领导的大力支持。鹏程瀚宇公司孙宝良总经理帮我安顿入住到北大中关新园寓所,使我有了一个良好的环境,可以安心从事教学和研究工作。这一套著作集系列的筹划和出版,是由北京中华书局顾青总编辑积极促成的。对于上述诸位的雅情高谊,我在此一并致谢。

最后,我要说明的是:除了少数的几部书稿,著作集中的大部分书稿都曾在两岸出版过,此次汇编再版,都以最新或经过修订的本子作底本排版;除了少数几部新作外,凡旧稿中的前言或序言皆一仍其旧,予以保留,不再另行撰写。

陈鼓应

2015 年 4 月 21 日

于北京大学道家研究中心,时年八十

目　录

春蚕吐丝——殷海光最后的话语

纪念文存

给陈鼓应的信

出版说明

陈鼓应

一

2016 年是先师殷海光先生（1919—1969）被迫离开他所挚爱的台湾大学五十周年。从 1966 年开始，到因病去世，是他的晚年时期，也是我与他交往最为密切的一个阶段。在他去世的当年，我编印了《春蚕吐丝——殷海光最后的话语》，首次披露了老师的"病中遗言"与"病中语录"，还有他的一批珍贵书信。因为其间涉及他的晚年境遇以及思想转变，所以这批材料历来受到各界关注。不过，由于当时编印仓促，加之"白色恐怖"的政治环境，也留下了不少遗憾，并且造成了一些误解。日后，此书虽然再版，但除去增补了部分内容，却一直未能得到很好的修订。现在，借"陈鼓应著作集"在中华书局陆续推出之际，我决定将本书纳入其中，进行全面增订。

二

因为《殷海光全集》已经在台大出版中心出版,所以此次修订,对于《全集》中已经收录的部分,包括师母夏君璐先生的文章,大都割爱。只对两类进入《全集》的内容,做了保留:一是原本就由本书首次发表的殷先生的文字,二是与殷先生生平——特别是晚年境遇直接相关的文字。而增补的内容,包括殷先生的遗稿——《我对中国哲学的看法》,还有几篇殷先生的朋友与学生追忆他的文章。由于本书主要记录与呈现的是殷先生的晚年思想,所以此次特地编辑了《殷海光先生晚年纪事年表》,作为参考。另外,我新近完成的长文《追忆殷海光先生的晚年境遇》介绍了一些殷先生晚年不为人知的史实,并且澄清了一些长期以来的误解,是故用作本书的代序。

三

此次增订,历时半年,先后在北京、台北与柏克莱等地搜集相关资料,在核对史实与征求版权时,得到了诸多旧雨新知的支持。同时,也全程得到了北京大学中文系博士生李浴洋的帮助。我在此一并谨致谢忱。

2016 年 5 月于北京大学道家研究中心

追忆殷海光先生的晚年境遇(代序)

陈鼓应

引　言

1956年,我考进台湾大学中文系,第二年转入哲学系。大一的时候,我选修了殷海光先生的逻辑课。大二时,我又选了方东美先生的中国哲学史。那时期,当代西方出现两派对立的思潮——逻辑实证论与存在主义,刚刚同时传进台湾的大学校园。殷先生倡导的是科学主义的逻辑实证论,我和一些喜欢文学性哲学的同学则比较喜欢存在主义。由于偏好的不同,因而在哲学专业上,我渐渐地跟随了方先生的方向。研究所期间,方先生是我撰写尼采硕士论文的指导教授。二十世纪六十年代以后,两位老师在我的学术人生与现实人生上都产生了毕生不可磨灭的影响。

在倡导逻辑之外,殷先生还是一位重要的公共知识分子和启蒙教育家,他的兴趣时常跨越出专业范围。在课堂上,同学们体会到殷先生更多的心思是放在运用逻辑推论分析时政上。他那清晰而低沉的语调,常使人感受到他内心深处不时流露出的关切现实人生的情怀。那时的我们并不知道殷先生 1948 年 11 月 4 日曾经在南京的《中央日报》上发表过社论《赶快收拾人心》。——这篇震撼大江南北舆论界的文章问世不久后,殷先生便东渡到了台湾。

　　1947 年,时任《中央日报》主笔的殷先生曾获洪谦教授引介到金陵大学教书,讲授哲学概论和逻辑的课程。(这件事情,是 1985 年我到北大任教时访问外哲所长洪谦先生,他亲口讲述给我的。洪先生曾经是西南联大教授,也是维也纳学派唯一的中国成员。)1949 年殷先生赴台,又经熊十力先生向方东美先生推荐到台湾大学哲学系任教。熊先生在 1949 年 6 月 16 日致信殷先生,说"方东美先生来信,云汝事曾有人向校长推荐过,委实无缺,俟将来留意"云云。不过殷先生最终还是得以进入台大哲学系。(这件事是殷先生亲口告诉我同班同学赵天仪的,殷先生对他说:"那时我带着熊先生的信去看方先生,方先生说你只能担任讲师,副教授再说吧。"为此我特意回校查过,方先生在台大出任系主任的任期为 1948 年 8 月至 1950 年 2 月,而殷先生的聘任正是方先生接任系主任期间。)

　　殷先生 1954 年升为副教授,1957 年升任教授。他在这一时期沉浸在自己的专业研究中。我们每一次去看他,都是他亲自开门,小小的客厅里有很大的书架,上面全都是英文版的专业哲学论著。(殷先生过世后,殷师母清理他的书籍共九百一十本,其中西书占七百五十五本,后全部放在台大图书馆特藏室。)

自 1948 年发表了《赶快收拾人心》这篇社论以后，殷先生沉寂了近十年。1957 年 8 月 1 日，沉思多年的他，忽然在《自由中国》第十七期的社论上发表《反攻大陆问题》，这篇文章在台湾引起轩然大波，官方与极右派调动报刊、电台等多种媒体制造舆论，连续发动猛烈攻击。官方认为这篇社论是在倡导"反攻无望论"。在这种形势下，胡适出来打圆场，提出"反攻大陆"是一块金字招牌，是不能碰的。这以后，殷先生连续以社论的形式发表了《政治神经衰弱症》（1958 年 6 月 16 日）、《胡适论"容忍与自由"读后》（1959 年 4 月 1 日）、《"反共"不是黑暗统治的护符》（1960 年 5 月 16 日）。这些文章在我们年轻人中间引起了极大的共鸣，产生了深远的影响。殷先生的言论激荡人心，他划时代地、阶段性地取代了胡适在台湾的影响力。在那"沉默是金"的年代里，这样的言论道出了多少人的心声。——当然，也构成了殷先生日后被迫离开台大的根本原因。

殷先生的学生中有很多优秀的、有时代感的文法科学生以及港澳侨生，在台湾就读的港澳学生在当时扮演了从民间沟通两岸的重要角色，殷先生晚年经常托他们传递信息、购买海外书籍。

严格来说，我只是殷先生的学生，而非他的弟子。殷先生倡导逻辑、知识论和科学哲学，师兄罗业宏、刘福增，学弟林昭田、何秀煌等，在专业上走殷先生的道路，有不少殷门弟子在大学毕业后陆续前往北美留学，殷先生晚年病困时，他们多不在身边，殷先生也就更多地和我们这些留下的学生相往来。我们不仅与殷先生共同经历了他人生中的一些重要时刻，有些需要跑动的事情我们也参与其间。比如，殷先生晚年的一些紧要信件，有些是由我通过友人吴大中悄悄带出境外的。

在殷先生的海外通信中,最为著名的便是他给林毓生和张灏的信。师兄林毓生、张灏与殷先生的关系十分密切,无论讨论学问,还是沟通感情,他们与殷先生之间的交往,已是大家所熟知的了。殷先生晚年,我们的联系较多,最初的单独接触就是从一起谈论存在主义、庄子等话题开始的。

一、师生谈论存在主义与《庄子》的读书心得

大学期间,逻辑和哲学概论是我们的必修课程,我上了殷先生的逻辑课,对比之下,远比上哲学概论收获大得多。逻辑虽不是我的兴趣所在,但在研究所毕业,各校兼课的那几年,我也曾前后五六年教授逻辑。从学逻辑到教逻辑,这一过程对我日后思考问题、论述学理,确实产生了极为深远的影响。

相比于概念性哲学,我个人更钟情于文学性的哲学。我和殷先生偶尔见面交谈时,也并不曾以逻辑作为话题。课堂以外,我们师生私下的接触开始于我读研究所时。研究所一年级的时候,哲学会举办了一个讲座,在存在主义思潮的激荡下,我讲了《失落的自我》这个题目。当晚,殷先生也到教室听了讲座。第二天,我又在研究室门口遇见他,他问我是不是研究尼采的,我说是,因为我喜欢尼采那股生命的冲创力。或许正是因为这种"生命的冲创力",他便在研究室听我漫谈起了对于尼采的一些看法。临走时,还抄了几本有关尼采的书单。这是我和殷先生的第一次单独谈话。

我由尼采的生命哲学走进欧美存在主义思潮是很顺当的事。

正如 W.考夫曼的《存在主义》所说:"在存在主义的演进过程中,尼采占着中心的席位;没有尼采的话,雅斯培、海德格和沙特是不可思议的,并且,卡缪《薛西弗斯的神话》的结论听来也像是尼采遥远的回音。"那时的台大校园中,不少同学都对存在主义怀有特殊的兴趣,例如包奕明、叶新云、王尚义、孟祥森,他们和我因为研读存在主义作品而成为知心朋友。

尼采的"God is dead"成为存在主义的开端,我由此而研读《圣经》,写了一篇《约伯,最早的存在主义者》送给殷先生,第二天就接到他的限时信,说对问题很感兴趣,希望见面谈谈。

殷先生看书,喜欢在书上加批注,我编了一本《存在主义简介》送给他,他读后写下这样几句评语:

> 这篇作品在哲学上过分简化而武断,在社会的经验知识上浮泛而空茫,但是,对时代的黯淡心灵样态,有颇为贴切的感触,清幽且富直观的透视力。

后面还写了两句他自己对存在主义的看法:"存在主义乃玄学及现代文明肥肿的清泻剂。但它自己并非终结。"这看法颇有见地。

委实说来,我对存在主义的关注,主要源于时代感的引发。沙特的戏剧与卡缪的小说是帮助我理解存在主义的一条进路。可以说,我们更多地是带着自己的时代问题,接近并了解存在主义这一思潮的。在我的同学中,叶新云对于存在主义重要典籍的用功较深;而在我的学长中,傅伟勋有关存在主义的研究最令我敬重。有一天,我邀傅伟勋到我景美的住处与殷先生见面,餐叙的两个多小时中,他一直讲着存在主义的议题,殷先生不太讲话,只是静静地听,并且不时地点头。

殷先生病重期间,曾经口述《病中遗言》,由我笔录。前一天的记录稿,第二天整理出来后,殷先生都要亲自修改。这便是《蚕丝——病中遗言》(本版改为《病中沉思》)。在《大脑与心灵》一则中,殷先生表达了他对存在主义的看法,他说:

> 实在说来,存在主义所要对治的问题是心灵而非大脑。现代人大脑过于发达,而心灵一点儿也不充实,而且愈来愈空虚。这是时代的根本问题。……我们可在传统中找到一些理性的根苗,而将传统加以批评性地接受。对于传统,我是个批评者,更新者,再造者。

殷先生晚年最关注的是心灵的问题而不是头脑的问题。2016 年 2 月初,我在美国西岸柏克莱的寓所中细读了殷先生与林毓生的往来书信,意外地看到殷先生在信中托师兄购买 Marjorie Grene 的 *Introduction of Existentialism*(《存在主义导论》)一书的情况:

> 我为什么急于要读这本书?原来老早有人说我有颇深的存在主义的时代感受,而且我的思想构成中有这一面。我对于这一点并不太自觉。(1968 年 4 月 22 日)

为此事,我在 2016 年 3 月初特地到台大图书馆特藏室找到了 Grene 的这本书。这本书上有殷先生阅读时做过的标记,同时也有我的标记。

殷先生过世近五十年了,这次再版前,我又重新地阅读了殷先生的书信和遗稿，发现他不仅在给林毓生的信中明确提到存在主义，也还在《中国文化的展望》一书中用存在主义者雅斯培（Karl Jaspers）的观点批评美国的现实，他说："西方近代文化的成就确实是状貌堂皇，可是它的'精神内容'却多少走向空漠的原野。这由存在主义（existentialism）之盛行可以概见。"

在关注存在主义的同时，我进入了庄子的精神园地。在《殷海光老师的一些往事》一文中，我记录了和殷先生谈论庄子的情形。他欣赏庄子的心境和生命情调，觉得《齐物论》从认识论的问题入手，剖析虽然极为锐利，但最后呈现的混一境界，理论层次并不清楚。

在1962年6月10日写给学生伍民雄和罗业宏的信中，殷先生也曾提到："二位说在人生观上喜欢道家，这又是志同道合了。我看不出，一点也看不出，就内容说，我们现在喜好的哲学与道家的人生观有什么冲突的地方。我喜欢清静寂坐，喜欢自然。"他对道家的兴趣，渊源有自。1969年8月24日，在给徐复观的信上，殷先生引用了《庄子·逍遥游》中的鲲鹏之喻，说道："际此是非难辨之世，吾人必须学习隔离的智慧，抖落一切渣滓，净化心灵；然后跨大鹏之背，极目千里，神驰古今。"

殷先生晚年用英文写作《我对中国哲学的看法》一文，其中，他也特别谈到对于庄子的一些看法：

> 他的哲学表现于优美如诗的散文中，到处洋溢着哲人的睿智和诗人的隐喻，充塞了无比高洁的美感想象，富于超越的趋向，礼赞至高无上的人生理想。你可以在其中寻觅出至真至善至美的人生境界，却找不出一点对教条的迷信和盲

从。在《老子》和《庄子》这些书中,文章的型式虽是如许精简,然而,毫无疑问地,它充溢着提示性,以及自由而富于创意的思想。

二、"雷案"后殷先生深居简出的一段岁月

1960 年 9 月 4 日"雷震案"发生以后,整个台湾舆论界噤若寒蝉。此时,殷先生因为受到"雷震案"的影响,已被极端分子贴上"反传统"、"西化派"的标签,成为"孤独的笼中之鸟"。我们每次去看他,他都在闭门读书,不问窗外的是是非非。

既然知识分子的角色已经无法充当,殷先生于是便将他的学术方向从逻辑实证论转向中国近代史的研究,并将他有关文化问题的思考,写成了《中国文化的展望》这部书。这是他在"雷震案"以后深居简出的岁月里做出的"从事文化创建的庄严工作"。该书于 1966 年出版,可是,这本书刚一出版就被查禁了。同年,殷先生的命运急转直下,又被迫离开了台湾大学。其中的过程和原委还要从二十世纪六十年代初说起。

二十世纪六十年以后,我们这群战后成长起来的学子陆续进入研究所阶段。每周五,台大文学院举办系列演讲,主要介绍当代哲学和文学思潮。我们演讲时,殷先生和时任哲学系主任的洪耀勋偶尔也会来听,但他们从不发表什么意见。

日后,我们好些人在演讲的基础上,将讲稿写成了文章,投稿到《文星》杂志。创办于 1957 年的《文星》杂志,1962 年左右因为发表了我们一批知识青年的文章,渐渐地由文艺性的园地,进而成为介绍时代思潮的的刊物。比如,我先后发表过三篇介绍尼采

的文章，洪成完与许登源在同一时期也各自发表过一篇介绍卡纳普的文章。又如，周春塘的《现代文学的哲学基础》、王尚义的《现代文学的困境》等都是介绍当代文哲思潮的文章。包奕明有关"科际整合"的论述，更在当时很有影响，杨国枢和谢剑等人也在刊物上讨论过文化问题。

1962 年 2 月，李敖在《文星》第五十二期上发表《给谈中西文化的人看看病》，引起了胡秋原在《中华杂志》上的回应，导致了所谓的"文化论战"。同年 6 月，梁实秋在《文星》第五十六期上发表《我对讨论中西文化问题的建议》一文，提出对于文化问题的讨论"是需要专门知识的"，只有这样，才"可以不至于发生意气用事或人身攻击的毛病"。事实上，《文星》有关文化问题的讨论，绝大多数都是正面的论述，与"文化论战"无关，譬如第五十六期包奕明的《中国文化问题的关键》和"重刊"的张佛泉的"旧文"《西化问题之批判》。这些作品都很能代表《文星》的风格与立场。

不幸的是，李敖与胡秋原之间的"文化论战"很快便升级成为人身攻击。同年 10 月的《文星》第六十期上，李敖又发表了《胡秋原的真面目》一文。关于这场"论战"，王中江在《炼狱——殷海光评传》中说得很清楚，"这场论战持续到 1966 年，前后达五年之久，时间真不算短，但它是中国思想文化论战中，最没有学术价值的一场非理性的厮杀"。这不仅是时隔多年之后学术界得出的结论，也是那时同在《文星》发表文章，但与"文化论战"无关的我们的深切感受。

更荒唐的是，殷先生从未参与这场"文化论战"，却因胡秋原的误会被迫卷入其中。因为李敖在"文化论战"中持西化立场，被误认为属殷先生的主张，加之他在文章中使用了殷先生文章中常用的一些逻辑和语言学方面的概念、术语，胡秋原便由此认定殷先生是在幕后的指使者。然而事实并非如此。

一直以来，认为殷先生参与"文化论战"的人，所能举出的例证便是他为一批学生修改过文章。我和许登源，还有少数一两位同学，的确请殷先生帮忙改过文章。但我们发表的文章，都无关"文化论战"，这一点只要翻看一下《文星》第九卷以后的总目录，便可以明白。

更为重要的是，殷先生经常教育我们，在研究中不要轻易做出强烈的价值判断。他写文章，一辈子不对人做人身攻击，只谈大是大非的问题。对于"文化论战"，殷先生非但没有参与，而且也很不赞同双方采取的"论战"方式。1965 年 4 月，他还写作了一篇《让我们携手从事文化创建》一文，提出"我希望对中国文化有责任感的朋友们，大家携起温暖的手，共同来从事文化创建的庄严工作"。殷先生原本希望此文由《文星》发表，但是由于编辑的反对，没有刊登出来。

三、殷先生被迫离开台湾大学的前因后果

2016 年是殷先生被迫离开他所挚爱的台湾大学五十周年。1966 年，他遭此厄运。当年 12 月，他专门写有《我被迫离开台湾大学的经过》，在文章开头，殷先生指出"我之被迫离开台湾大学，从一衍发的观点看，总有二十年的历史"，"十八年来，从中国大地逃到台湾岛上的自由知识分子被摧残得所余无几了。我这

样的一二人之被清除，乃是'事有必至'的。问题只在等待机会"。此文完成十多天后，殷先生在1967年1月致胡越（司马长风）的信中说："光的困逆之造成，与台湾大学无关；而系若干文字警察所制造的空气，被校外特殊势力利用作为烟幕，强迫光脱离台湾大学所致。"这里的"文字警察"，当然是指从1964年开始在《中华杂志》上对他不断进行人身攻击的那些人。而"校外特殊势力"，则是军方政战部门的主脑及军方特务机构——警备总部（"警总"）。

在《我被迫离开台湾大学的经过》中，殷先生曾经提及一处细节：当局设法将他调离台湾大学，安排到教育部任职时，是"警总"给他送交的聘书。关于其中的缘故，殷先生并没有清楚地说明，我们在很长时间里也不明白。直到殷先生去世多年以后，我才从人权单位那里获得两份当年的原始文件：《台湾警备总司令部检察官起诉书（58）》（警检诉字第一五号，1964年4月15日）和《台湾警备总司令部公设辩护人辩护书》（公字第十三号，1964年5月21日）。这两份文件表明，殷先生所以离开台湾大学，无疑是"警总"在"白色恐怖"的气氛中揣摩上意，借故捏造了一起针对殷先生的政治案件，也就是所谓的"李英涛案"。"警总"借助"李英涛案"诬陷殷先生，使其最终被迫离开台湾大学。

李英涛是一位退伍军人，后来成为安全单位的眼线。他与殷先生接触时，流露出对现实的不满。殷先生为人毫无城府，看到青年人挺身而出、批判现实，他内心自然感到亲近。正如他给学生何友晖的信上所说："我的为人，好恶分明，壁垒森严，是非之际毫不含糊。这样的心灵结构，不难被人摸透。来骗我的人一进门总是谈点民主自由的口号……我便为之激动，像古人一样，立刻'相见大悦'，马上引为知己，相与推心置腹。"（1969 年 1 月 1 日）直到后来李英涛带来一份绝笔书，说要暗杀蒋氏父子，要殷先生帮他修改，以便传世，殷先生才发觉问题不对。因为一旦落笔，将会留下"证据"，殷先生便没有作出回应。但此后不久，李英涛即被"警总"逮捕，以"暗杀"罪名被起诉。"白色恐怖"时期，类似这样的案件屡见不鲜。

在《起诉书》与《辩护书》上，殷先生的名字用"×××"代替，被描述成为此案的同犯——只不过事情的原委，不再是李英涛来找殷先生讲述他的暗杀计划，而变成了殷先生指使李英涛前去暗杀。当局就是这样为殷先生扣上煽动与颠覆的罪名的。

现在看来，这其中的原委，殷先生其实已经在 1966 年 10 月 15 日写给华盛顿大学屈莱果教授的信上有所提示，他说，"我被迫离开台湾大学不是起因于一个低级官员的偶然行动，而是国民党经过长时期的考虑，阴谋对待异端的结果"。

随后，殷先生又写道："我实际上被台湾大学免职。事实上，台湾在这个秋天发生了一系列的清算事件。我的一群学生静静地被免去在学校里的职位，而我是第一个开刀。"他指的就是自己被台大正式解聘以后，情报单位随即开始清算"殷党"，我和师兄刘福增，还有张尚德三个人，相继被文化大学、东海大学和政工干校解聘的事情。

四、春蚕吐丝——病困交织中晚年的反思

生于 1919 年的殷先生，自称"五四后期人物"。他在给张灏

的信中曾说："这种人，吸收了五四的许多观念，五四的血液尚在他的血管里奔流，他也居然还保持着那一时代传衍下来的锐气和浪漫主义的色彩。"在殷先生身上，除去典型的"五四"精神，他所承继的还有"五四"一代批判中国传统的思想立场。

说殷先生"反传统"其实并不确切，较恰当地说应当是"反道学"。在《旅人小记》中，他说："笔者平生可说无私怨，但平生思想上最大的敌人就是道学。在任何场合之下，笔者不辞与所谓道学战，笔者亦将不会放弃这一工作。"之所以如此，原因是"笔者个人自了解人事到现代，深刻了解道学的毒害实在太大太深了。人生经验的增加，使我对这一点坚持不移"。殷先生所谓"人生经验"，与他的童年记忆密不可分。在晚年给林毓生的信中，他曾经写到："在家世方面，当我童少年时，家道已经中落，但是长一辈的人还要摆出一副架子，说话矫揉造作，室屋之内充满理学式的虚伪。我简直讨厌透了！这成为我日后不分青红皂白地反传统文化的心理基础。"可见，晚年的殷先生一方面重申自己的这一立场，同时也在更为开阔的视野中做出了反思。

在为殷先生笔录《病中遗言》时，我发现，以往殷老师所着重的都是知识问题，如今他所关切的是人生或心灵的问题。他眼看这个世界技术化愈来愈强，而人的道德理想愈来愈败坏，人的心灵愈来愈萎缩，人的生活愈来愈繁忙，四周的空气愈来愈污染。这种情境，使他焦虑，逼他反省，令他寻求解答。以此，他扩大了思想的角度和范围，而伸入人的切身的问题，而透入生命的层域中。渐渐地，他了解到古往今来世界不同的文化领域中，古典的中国文化分子对生活层面，以及心灵的层面都曾作过妥当的安排。

由于殷先生在《病中遗言》中的主张与他以往的观点有所区别,加之我本人在日后主要从事道家哲学的研究工作,所以有的朋友以为其中也包含了我的意见。这种误解,我想,有必要再度进行说明。

我在整理殷先生的部分遗物时,发现了一份他在生前准备的英文演讲稿,题为"My View of Chinese Philosophy"(《我对中国哲学的看法》)。这是一篇由三部分组成,已经高度成型,署名 Yin Fu-sheng(即殷福生——陈鼓应注)的文件。于是,我的学生邹台蒂把它翻译成中文,发表在 1971 年 1 月出版的《大学杂志》第三十七期上。这份稿件是殷师母整理殷先生书册时交给我的,正是在这篇文章中,殷先生对中国传统的思想资源给予了肯定性的评价,并且系统论述了自己的观点。这与他在《病中遗言》中的相关主张,恰好彼此呼应。所以,在编辑本版《春蚕吐丝——殷海光最后的话语》时,我把《我对中国哲学的看法》中文译本收录进去,希望以此更加完整地呈现殷先生晚年的思想图景。

关于殷先生临终前的情况,王晓波在《殷海光先生临终日志》中已有记载。我想补充的,只是我当时的心情。记得一天接到师母的电话,说殷先生的状况很不好,随时都有生命危险,希望我们帮忙把他赶紧送到台大医院去。深沉的夜色,夹杂着我们紧张与恐慌的心灵。此前虽然殷先生的病情一直不太乐观,但我们似乎从未意识到他会真的离开我们。而就在那一刻,我的内心真正有了一种被掏空了的感觉。

入院以后,殷先生的生命得以延长了几天。在他去世前,一次我正从外面进来,就在步入病房的刹那,听到师母在跟她的嫂嫂说:"这些学生都很好,但在这个环境中,却没有被爱的感觉。"师母说完就哭了。站在门口的我,也闻声落泪了。

2013 年,师母也去世了。在离开殷先生的近半个世纪的时光中,我时常想到师母说的这句话。这句话的确重重地落在了我的心上,让我想起在我最困顿的时候,有我的老师陪伴着我,我们相对无言,同时又一起探索。那时的我,虽然感受不到社会的爱,但殷先生给我的,却是让我至今消受不尽的人间的温暖。

五、殷先生的家国情怀

在台湾这座"无魂之岛"上,殷先生备受压抑,但也始终抗争着。最为内在地支撑他的力量,是他的深沉而澎湃的家国情怀。

越到晚年,殷先生的家国之思愈加强烈。有时谈起往事,他会动情地说:"我殷海光,家住长江头……"然后哽咽,甚至泣不成声。1967 年,他在写给朱一鸣的信中说:"午夜梦回,苦思焦虑的,就是故土故人,大地河山,七亿同胞的和平、生命、幸福的问题。我虽身陷困逆,对这些问题未尝一日去怀。"正如林毓生在《殷海光先生一生奋斗的永恒意义》文中所说,"殷先生虽然谈起学问来,有时冷峻高迈,实际上,他看到、听到社会上的不平即热血沸腾;他炽热的心,无时无刻不去关心着苦难的中国。"

晚年的殷先生,在聊天中与我谈到最多的是他在西南联大读书时期的经历。在我看来,抗战烽火中的西南联大,是他一生的精神原点。1968 年 8 月 18 日,在给卢鸿材的信中,他谈到:"在昆明西南联合大学的岁月里,和我心灵契合的老师及同学随时可以碰见。在学校附近文林街一带的茶点里,在郊外滇池旁,在山坡松柏林中,常常可以看到我们的踪迹,常常可以听到我们谈东说西。现在,我回忆起来,总觉得'梦魂不到关山难'！内心说不出的想念。"这是殷先生的肺腑之言。

对于历史人物的评价,应当放在特定的时代脉络中进行。我自己所经历的,尚且是一个内忧外患的世界,殷先生更是如此。大的动荡,造就了他大的视野与胸怀。中国传统的"士"阶层所拥有的以天下为己任的责任感与使命感,在抗战时期被重新激发出来。殷先生在西南联大,感染的正是这种传统的力量。所以,他自始至终都具有浓郁的家国情怀,与一般的自由主义者非常不同。在他的思想中,"民主"与"民族"是彼此交织的。

在给朱一鸣的信中,殷先生提出了他对于未来国际关系格局的看法。他说:"未来的世界,并非如包尔所说的'三个半'权力,而是在美国、苏俄及中国三个权力重心的动力(dynamism)支配之下。我把这个形势称为'新三国'。这三个新三国有两个结合原理:一个是人种,依照这个原理而行的结合是美苏以对中;另一个结合原理是 ideology(意理)及 politico-social system(政治制度和社会制度),依照这一原理而行的结合是中苏以对美。在上述两种可能结合中,无论哪一种结合,都可构成世界势力之一紧张的均衡,而勉强保持不安定的和平。"

对照殷先生身后近半个世纪历史发展的历程,可见他当年的远见,正在日后逐渐实现。他特别指出:"美国能给世界什么呢？除了金钱与武器以外,什么也没有了！美国的金钱已在不够稳定的状态;美国的武器独占局面已成过去:美国会造的大体别人也会造。"

当殷先生提出"新三国"的观点时，海峡两岸一边是"白色恐怖"，一边是"文革浩劫"。但现实的挫折并未创伤他的信心。知识分子的时代感，在殷先生的文字中跃动；而在与他的日常交往中，更让我感受到他的人格魅力——那是一种可以引领青年人从洞穴中穿行，看到阳光的力量。

为编辑本版《春蚕吐丝——殷海光最后的话语》，我再次向殷先生的朋友聂华苓大姐征求版权。她在回信中写道："多年不见了。套一句俗话，但却真实：往事如烟。"

殷先生曾经谈到，对他影响最大的老师，一位是金岳霖先生，一位是熊十力先生。他说，金先生给了他分析问题的头脑，熊先生给了他一种浓烈的生命感。或许我可以说，对我影响最大的老师，一位是方东美先生，一位是殷海光先生。方先生指引我"学术人生"的动力与方向，殷先生指引我"现实人生"的立场与情怀。

1966 年 1 月 14 日，殷先生写信给我，说到："内心有难以言状的凄凉。幸得二三知己，稍感慰藉。人和人内心深处相通，始觉共同存在。人海苍茫，但愿有心肝的人多多互相温暖也。"这是我在追忆殷先生时印象最深，也最想说的一句话。

陈鼓应口述，李浴洋、苗玥笔录
2016 年 9 月于北京大学道家研究中心

查良钊先生序

殷海光(福生)教授于 1949 年 8 月加入台湾大学文学院哲学系任教,达二十年之久。其学不厌、教不倦之精神有足多者。近二年来,其思想日渐成熟,对于我国文化有深切认识。方期藉数年心力,作进一步研究,我知其对文化复兴必将有所贡献。孰意天不假年,竟于本年 9 月 16 日因癌疾弃世!

逝世后,其门人弟子怀念老师,收其残稿编印成册以志哀思。问序于余,义不容辞。仅就临时感想,略述如次。

我认识海光,远在三十年前,正当我国抗战之际。海光以一热血青年远来昆明,在国立西南联合大学读哲学系。我适在联大任训导长,对海光虽甚少接触,惟知其为一好学深思的爱国青年,具有独立思想,能辨别是非,是金岳霖教授所赏识的学生。

十五年前(1954 年)我从印度返国,参加台湾大学侨生辅导委员会工作,在校与海光晤遇,见其孜孜不息的好学精神无异往昔,而追求真理,向往自由,固执己见,立论有时不免稍偏,但一经辨正清楚,则又从善如流,不存成见。

　　两年前患癌症,入医院治疗。视死如归,无所畏惧。还家休养,医师以绝症警告,仍处之泰然。方期利用余年,对于本国文化多所了解,再以发见贡献国家民族。每次晤叙,辄报告思想的转变,有今是昨非之感。

　　海光壮志未伸,不幸短命死矣!

　　此一爱国学者不克在生前将其学术思想完整地贡献于社会,实属可惜! 希望本书能使读者对海光多些认识。是为序。

春蚕吐丝
——殷海光最后的话语

病中沉思

论沉默

这时代受商业广告的影响,任何事都要像上空装一样地暴露出来,好待价而沽——这是"市场文化"。这种"市场文化"受美国和日本的影响越来越厉害。

中国文化却是讲含蓄——溥博、崇高、深厚。人的气象也是如此。

现代的人,在这市场文化中的人,深怕自己不重要,惟恐自己失去价值;深怕自己不为人所知,所以要叫喊。笛卡儿说:"我思故我在。"市场文化中的人却"我叫故我在"。其实,这种人不知道沉默的伟大,沉默的力量。

火山未爆发前的沉默和沙漠岂是一样吗?

智者的沉默和呆子的沉默岂是一样吗?

不要以为你沉默就不存在了,不要以为你沉默就渺小了。正因你的沉默而更伟大。让我们从沉默中培蓄力量,锻炼自己。

知识和智慧

知识从很好的学院和健全的制度中产生,智慧则无这些凭借。智慧从悲剧的情况中激发,从痛苦的心灵生出。

知识发展的线索很清楚,比如一篇博士论文,思想线索从哪个学派来的,根据哪一家的学说,文中所持的观点都有由来而且很清晰。智慧则来也无踪,去也无影。

灵感像火花,这个火花可能把智慧带出来。

论独立思想

学院式的训练与独立思想很难两全其美。有学院式的训练,在程序中常把独立思想消灭了;有独立思想的人而缺乏学院式的训练,他的想法常经不起考验。如今要有基本的学院式的训练做基础又能激发他的思考,能做到陆象山所说"六经为我注脚"的气象,才是个思想人材,否则就像木头底下的蛀虫,永远不会显现创造的光辉,因而也不能把人类的光辉向前推进一寸。

(注:学院式的训练所供给我们的只是生料,我们要吃这原料后,经过我们心灵的润育而产生出崭新的东西才行。许多人不明此理,便吊书袋子为乐。结果背着书袋子以老,背着书袋子表演,背着书袋子装饰自己。结果,书袋子还是书袋子,他还是他。)

鞭子哲学

这个地球上,有各形各色的鞭子哲学,有各形各色的大众哲学。这种哲学有种种说法：不能违背时代啦！要服从现实权威啦！要和别人同乐队齐舞啦！

有些人心怀妒嫉与恐惧，用这鞭子哲学将孤独者从静僻中赶出来，和群众一齐呐喊，一样地做绵羊，做火牛，一样地陪同他们做大众哲学大教主的工具，来化作时代浪费的灰烬啊！

逻辑经验论的基本缺点

逻辑经验论有一个设定，以为一切知识都可"整合"（unity），逻辑经验论的这种发展，结果造成了"知识的极权主义"。莱兴巴赫（Reiehenbach）建构"或然率"的方法便是一个例子。又如"组论"（set theory）想统一数学，至少企图统一算术。但从莱布尼兹（Leibniz）至槐英（Quine）以来，他们为了要证明一加一等于二，要演证好几页。这种方法是否增加了"mathematical intuition"？是否会使得处理数学更方便些？

逻辑经验论最使人不满的是：以为解决了大脑的问题，就可以解决人生的问题。其实人的问题并不止于此。人最重要的问题是心灵的问题。

大脑的问题是"触及"（touch）。由于心灵的问题不能确定，逻辑经验论便认为心灵的问题是"假拟的问题"（pseudo problem）。也许从逻辑经验论的论点来看，心灵的问题是"假拟的问题"，但它却是"真实的问题"（genuine problem）。

人是有悲欢离合的。

（本节为张尚德所整理）

大脑与心灵

大脑与心灵事实上是无法截然划分的。现在只是为了方便起见，作这种习惯性的划分。

我深深地体悟到大脑的要求和心灵的要求不一样。大脑的要求是精确、明晰、严格；要求将对客观经验世界的认知系统化。从纪元前四世纪亚里士多德开始，这种最高的标准表现在逻辑、物理学和数学上。现代的成就表现在登陆月球上。大脑的要求是一致的，所以它的成就可以标准化，最能显示这种征象的，便是科学与技术。

然而心灵的要求根本是另外一回事；心灵是价值的主司，是感情的泉源，是信仰的动力，是人类融为一体的基础。人类要有前途，必须大脑与心灵之间有一种制衡，而制衡于大脑与心灵之间的主体便是理性。

实在说来，存在主义所要对治的问题是心灵而非大脑。现代人大脑过于发达，而心灵一点儿也不充实，而且愈来愈空虚。这是时代的根本问题。有些人用神话热狂、意识形态来医治心灵，结果造成"非理性的人"（Irrational Man），要医治非理性的人，就必须要求理性。这是今天人类必须努力的一个方向。我们可在传统中找到一些理性的根苗，而将传统加以批评性地接受。对于传统，我是个批评者，更新者，再造者。

1969 年 8 月 9 日

古典中国社会的基本问题

美国大社会学家柏逊思（Parsons）把世界几种主要的文明作了一个比较之后，发现中国社会有种基本的问题。我们现在就要进一步探究中国社会的基本问题是什么，以及是怎样形成这些基本问题的。

首先，我们应承认中国社会有表面的不稳定。一些讲历史文化的人，因为有自卑感在作祟而不敢承认有表面的不稳定，深怕赶不上近代的西方。这是不够知识的真诚与勇气。比如说中国历代都有刀兵水旱之灾、土匪、流寇，以及改朝换代时杀人流血的事件，但是这些却像一个大湖里面的涟漪而已。等到风平浪静以后，湖面又恢复到它的宁静。所以中国人民，尤其是广大的农民，对于这些变乱，养成一种逆来顺受的态度，以及漠不关心的态度。老庄的观念可能有助于养成这种态度。这种态度，从近代西洋人的眼光看来，可能是由于被动的消极的和没有办法解决问题的心理形成的。但是就长远的过程来观察，却足以维护一个民族悠久的生命和存在的价值。这是否能够说中国人在无可奈何之中过着这样无根的生活？大谬不然。因为我们在这样表面不稳定底下有个基本的稳定，这个基本的稳定也是长期塑造出来的。从周秦开始，经历两汉，而六朝，而唐宋，而明清，我们的祖先不断地塑造，不断地添补修饰这个基础，这个基础形成中国社会基本的稳定——是无论怎样改朝换代、水旱刀兵之灾都没有动摇过的。这个基本的稳定是什么呢？

第一，农村经济及其生活方式。

第二,基本的社会结构。比如说君臣、父子、夫妇、兄弟、朋友这些社会结构。

第三,儒家、道家与佛教三者经过冲突后的巧妙的结合。儒家所提供的是中国人生活的社会层面及政治层面;道家所提供的是中国人在现实中而不泥于现实的超越境界;佛教所提供的是宗教情绪的满足及生死问题的安排。

这三大要素,构成中国社会的基本的稳定。历代无论谁来当皇帝都没有破坏这些基本的要素,且在稍微安定后总要把这些捧出来作为安定的基石。因此就中国的文明来说,表面的不安定,如烧杀、篡夺,这些只能算伤皮不伤骨的表面的骚动。所以中国古典文明的生命能维持这么悠久。

(补记:维持中国社会的基本稳定,道统发挥了很大的作用。所谓"道统"就是指一贯的绵延不绝的治道,而它的核心就是体制。中国的地理环境是西面有高山峻岭的阻隔,北面有戈壁大沙漠的横隔,东南面有大海洋的封锁,这地理的孤立性有助于道统意识一元性的形成。中国各地的风俗习惯差异性极大,然而伦理道德的思想系统却大抵是统一的,这统一的伦理道德观念透过同一文字的传播,更加强了中国社会的稳定性。)

既不进又不退:一个伟大的存在的价值

由三种基本的人生态度和价值取向想起一个伟大的存在价值(existential value):

(1)在生命的过程中,不能或不愿面对现实人生的困难,遂向着死后趋进。如印度人成千成万地跳向恒河里毁灭自己,或另创一个精神境界(如涅槃境界)。

(2)文艺复兴后的西方人的基本人生态度至达尔文的进化论影响后的进步主义。这受经济起飞和技术的助长,乃有现代人的狂热生活。他们所成就的乃是物欲的文明,富有刺激性,给人直接的便利;表面极其繁华,但内层却是凄凉、徬徨、失落的。暖气室里住的尽是一个个冷冰冰的人。

(3)中国的人生态度和基本的价值取向:既不进又不退。中国人好称古远、效法祖宗,现在看来是很令人感到可笑的事。因为我们现在的时代精神是进步主义,以至于中国被迫放弃原有的价值取向,弄得大家积非成是。好!让我们看看所谓的进步主义:"进步"本身其实只是一个程序而已;本身并不是价值,只是一个演变的程序而已!好!所谓"进步",进步到哪里?伊于胡底!没有底止的进步,使人仍然在一个过程中滚动,像潮水一般;永远没有站稳似的,像狂奔的汽车一般。试问这种进步主义有什么值得夸耀的地方?好!现在登陆月球是进步了,将来探索火星是进步了,本着这种进步主义的精神去推动,现在这些科学技术家究竟可以产生什么样的结果?这无非是制造紧张,制造繁忙,制造污染的空气,或者把人类的占有欲带到遥远的星空而已。

这样回想中国传统中那种既不进又不退的淑世主义,方显彰其人生价值。中国人的崇古法祖先,真正的意义只是把我们的生活价值、行为模式定着在一个标准上,也可以说是一种价值理想的投射。所谓法古,并不是要我们回到六千万年前像小耗子一般的人类去,也不是要我们恢复到旧石器那样古老的境地里去,而是如雅思培(Jaspers)所说的"极盛的古典时期"。那是在三千年前左右,为人类文明成熟时期。好了! 问题就在这里:也许有人觉得二十世纪六十年代比三千年前好,试问好在哪里? 就人生价值,道德理想,认同的满足,生活的温暖,心灵的安宁,人与人之间的守望相助、友爱合作来说,好在哪里?

也许有人觉得这个时代好,这就是进步主义在后面作怪。在进步主义的观点下,所谓"好"无非是指技术的精进,技术精进除了带给人物欲的满足外,使人有更多的幸福吗? 使人有更高的精神吗? 西方文明走向死胡同了(此处吃紧)。这样看来,进步主义虽然是时代精神,但实在没有意义。而中国的古典文明,始终是围绕着基本的价值主轴而存在。当然我们并不否认中国历来改朝换代血流漂杵之事,但这个价值主轴在一九四九年以前,始终是存在着的。国泰民安时,内部常缓慢地滋生出一种力量来滋润这个主轴——佛、老、孔三个层面所构成的主轴(此处吃紧):孔儒主要在于社会层面的安排,佛教主要在于宗教情绪的安排,老庄主要在于精神生活与心灵境界的安排。中国人生活在这种气氛下,既不如此焦急地向前盲目地追逐,以至于把心灵都撕碎、掏空,又不是像印度人那样的厌世,否定现实生活;而是站在现实、肯定现实,来体味现实的美好。请问这样既不进又不退的人生态度岂非比西洋和印度的更适合人生、更适合存在吗?

1969 年 8 月 17 日

(注:我之所以欣赏古典中国的人生态度和基本价值取向,乃是因为它们比较妥当地处理了人生与心灵的种种问题。当然,我并没有忘记中国文化在认知活动中所产生的弊病:理知作用经常碰到尊长、权威、颜面、地位、立场、情绪反应等因素就呈萎缩状

态。我这里所谈的是另一回事,乃就生命的层域而言的。)

徐复观

一

他凶咆起来像狮虎,驯服起来像绵羊;爱热闹起来像马戏班的主人,孤独起来像野鹤闲云;讲起理学来是个道学夫子,斗争起来是个不折不扣的步兵团长;仁慈起来像春天的风,冷酷起来像秋天的霜。然而他充满了生命的奋进、斗气,一分钟也不停,一秒钟也不止。

他和唐君毅比较起来,唐先生所树立的是风范,所成就的是道德理想,不是知识。因为唐先生旧包袱太多了;他从我族中心主义出发,双眼为道德的考虑所迷,所以他看不清楚中国的历史社会文化的真相,而且才力也不够。而徐先生却能抖落一切旧包袱,且能擒拿现实,透视经验世界,所以他可能在知识上有所成就。

徐复观也有我族中心主义的色彩,但是他在建构知识时可不受此拘束,可消解这方面的作障。

二

如果人生比作舞台的话,有人自己搭台自己导演(第一流的人物往往如此);有人借台唱戏,唱完便罢;有人把别人的台子占为己有来演唱;有人是主角,有人是配角;有人是小丑,有人是跑龙套。像徐复观,具有单人独马打天下的霸才,他自己搭台、自己导演、自己当主角,可是有时他又让一些牛鬼蛇神挤到台上和他合演,无奈这些人太不够格了,根本无法配搭得上,所以反而把这主角的声光掩盖住。常常他自己一本戏还没有唱完,就向别的戏台上拳打脚踢,这样使他步骤混乱,精力分散,树敌太多;有时意气鼓动了,还跑到别人台上去当配角。

附:给徐复观先生的信

佛观先生:

八月十五日清晨,先生所提出在专制政体下纯理思想难以伸展的问题,颇激起我对于这个问题的思索,甚为感谢。

八月十二日,先生偕唐君毅先生来舍探病,引起我对当代智识之士的若干基本问题的思考。唐先生所树立的为儒门风范,所成就的为道德理想,而非知识。以他的学术资本,思想训练,和个人才力,显然不足以完成他所要达到的目标和规模。古往今来,道德的奇理斯玛 charisma 人物,往往如此。

相识二十多年,先生为光提到时常所厌恶的人物,但亦为光心灵深处所激赏的人物之一。这种矛盾,正是不同的生命火花激荡而成。一个时代创造动力的泉源,也许辩证地孕育在这一歧异中吧!

现在,复兴中国文化的叫声似乎颇大,然而一究其实,不过空泡而已。在我看来,对于中国的历史、社会、文化的认知,尚是一大片未曾开垦的处女地。这有待真才实学之士的奋发努力。"山穷水尽疑无路,柳暗花明又一村",就现实情况看来,今日若干知识分子的处境,似乎天小地狭;但是就开辟观念和知识的新天地而言,则无限无穷。

今日有心人最重要的事,在于树立一超越现实的自我,对外界的成败毁誉,颇可不必计较。际此是非难辨之世,吾人必须学习隔离的智慧,抖落一切渣滓,净化心灵;然后跨大鹏之背,极目千里,神驰古今;但又同时能如现代的探矿师,对于中国历史文化的发展形态及去脉来龙,能有真实的了解。先生如能将认知模式稍加调整,也许在这方面可能作进一层次的努力。

光现与癌魔奋斗,在不久的将来,果能康复,希与先生倾谈上下古今,并请我吃脚鱼与鳗鱼。一笑!

谨祝

康乐

殷海光　一九六九年八月二十四日

唐君毅

唐君毅具有一种奇理斯玛人物(charisma)的性格。有强烈的复兴文化的使命感。其为人也,沉笃、厚重、真实。我一看见他就感到他是人文教主一样。

他彻头彻尾是个一元论者:道德的一元论和知识的一元论。(我在道德上是一元多面的,知识上是多元论的。)他论事如用一个无边无岸的毡子,任何东西都用这个毡子去盖。所以他是搞错了行的道德诗人。

在知识上,他不可能有所建树。他以他的人格、气象来摄引这个时代,古往今来,这种人的成就,从来就不是知识,而是道德理想。从他身上去找知识一定会失望,但接近他可得到一些满足;我在知识上、在哲学上和他是截然相反的,但我从他那里,仍可得到满足——笃厚、真诚、理想主义的色彩,这正是此时代最缺乏的。

1969 年 8 月 12 日上午八时半唐先生及夫人由徐复观先生陪同看我

张尚德

你我都是在这时代极困难的过程中奋斗出来的人。但因气质和生活史的不同,所以你我两人有许多不同的发展。

你整个的发展是个不平衡的发展。你由一个小兵而至于大学副教授,从社会的角度来看,是了不起的,因为你有生命的冲力,能从卑微的情况中,冲上较高的层面;但另一方面看,你气盛于理,你有很强的 intension,然而你有很厚的一面——乡村社会的素朴。所以虽然你的表现令我不满,而我仍然惦记你。

你有一股常想向外突破的力量,可是你的本钱不够,再加上现实的困扰,所以你不能一贯地做一件事情,故而表现得东碰西撞,结果精力分散,失去了中心的统一。

凡古往今来,任何成大业者,都只有一个主调。比如爱因斯坦,他只有一个主调——他所知的就是物理的世界。

你谈逻辑,只能在教室里谈,出了门,一切的表现都是非逻辑的,你或许可以走生命哲学的路子。但是最重要的是:走一条路,贯彻地走一条路。切记!切记!

1969 年 8 月 10 日下午

陈鼓应——Belied Personality(被误解的人)

他——像一个冷漠的,灰色的小丘,在小丘底下却蕴藏着巨热的岩浆。岩浆在地下流奔,有时不可阻遏地要破壳而出。

冲霄而起,

但是被地面严霜冻结了。

这小丘又归于寂静。

病中语录

一

我是一个头脑复杂而心思单纯的人。

二

我是最少被人了解的。许多人认为我苛求、骄傲。但我对自己却更严格,更苛求。

我最大的特质就是能否定自己。我觉得我以前所写的东西,都没有什么内容,仅仅是我的心路历程中的一些记录。

生命是不断奋进的过程,一个知识分子更应该如此。

三

我以前所写的都算不了什么——我这是从严格的学术标准来作衡量的。虽然这样,但我的思想发展的轨迹仍是有显明的条理的:一方面,我跟反理性主义、蒙昧主义、褊狭思想、独断教条作毫无保留的奋战;另一方面,我肯定了理性、自由、民主、仁爱的积极价值,我坚信这是人类生存的永久价值。

四

我是"五四"后期的人物(Post-May-Forthian),正像许多后期的人物一样,没有机会享受到"五四"时代人物的声华,但却遭受着寂寞、凄凉和横逆。

我恰好成长在中国的大动乱时代,在这个大动乱的时代,中国的文化传统被连根地摇撼着,而外来的观念与思想,又像狂风暴雨一般地冲激而来。这个时代的知识分子,感受到种种思想学术的影响,有社会主义,有自由主义,有民主政治,也有传统思想的背逆反应。每一种大的思想气流都形成各国不同的漩涡,使得置身其中的知识分子目眩神摇,无所适从。在这样的颠簸之中,每一个追求思想出路的人,陷身于希望与失望、呐喊与彷徨、悲观与乐观、尝试与独断之中。我个人正是在这样一个大浪潮中间试着摸索自己道路前进的人。

三十年来,我有时感到我有无数的同伴,但有时却又孤苦地彳亍独行;我有时觉得我把握着了什么,可是不久又觉得一切都成了昙花泡影。然而无论怎样,有这么多不同的刺激,吹袭而来,有这么多的问题,逼着我反应并求解答,使我不能不思索,并且焦虑地思索。

1969 年 8 月 18 日

五

中国的传统和西方的自由主义要如何沟通?这个问题很值得我们深思。如果我的病能好,我要对这问题下一点功夫去研究。

许多人拿近代西方的自由思想去衡量古代的中国而后施以抨击（胡适和我以前就犯了这种错误），不想想看：在思想上，老子和庄子的世界是多么的自由自在？特别是庄子，心灵何等的开放。（要建立开放的社会，首先必须有开放的心灵。）再从社会层面看，中国在强大的帝制下，人民却有很大的社会自由。拿犹太教和回教来说，比孔教要专断多了。历史的社会应与历史的社会比较，拿历史的社会与近代西方的社会比较，是一个根本的错误。

六

现代人讲传统，不知传统为何，根本是传统的弃儿。

传统并不等于保守。传统乃是代代相传文明的结晶，知识的累积，行为的规范。传统是人类公共的财产，为每个文化分子事实上所共有的。

七

一个人不可能既讲革命又讲传统。如果这样，那是一只脚向左，一只脚向右。

我所说的革命，乃是一种破坏性的，不是指科学性的革命（科学性的革命是革新或革进）。中国人谈革命带着很浓的打倒主义。

八

我根本不相信某一类狂热主义的原因之一是：我不以为世界上有这样完美的一种政治制度，其完美性居然要用人的生命、要涂人的肝脑才能实现。

九

行动人物往往口头唤着要改造世界，心里却只想占有世界。

中国之所以搞得如此混乱，无一成就，这是由于知识分子和政治人都缺乏知识的缘故。我们不能迷信革命主义，我们应有constructionism。

十

满清承袭了很多优良的传统。清朝的士大夫多能固执于道德理想，所以为人甚有规范、风格。我认为成为社会明灯的，必须是知识分子。一个社会是否健全，全看是否尊重知识。

十一

中国的学问，或有中国成分的学问，除知识传授以外，还要耳提面命地生活在一起，这样才有一种性灵的感应，才能进入心灵的深处。

英国牛津大学实行导师制，师生长期在一起，才能得到真学问，像今日台湾的教学法，上课犹如流水席一般，来也匆匆，去也匆匆，真是鸭子背上泼一瓢水。

有些人文学科是和人的性分不可分的。愈有特色的人，愈不容易被了解。必须生活在一起，才知道他的究竟。

十二

台湾的知识界，学派成见极深，但都没有学问的成就。读书人的心思，常常拘锁在芝麻绿豆的事情上。精力和时间常常浪费在无谓的争吵上。

"大辩不言"，庄子这话一点儿也不错。当你受到无理性的攻击时,大可不必理睬;你不反应的时候,更使对方自卑、挫折、受创伤。

在文化市场上叫嚣的那些人,都是时代的蜉蝣。我们要透过时代的雾,看未来。这样,更能显现知识的光芒。我们需要隔离的智慧,才能显现自己的独特性。

十三

隔离的第一个方式是 withdraw,这不是萎缩,乃是保存能力,培养工作的力量。

十四

今日台湾的知识分子,大事糊涂,小事精明。

十五

今日的文化界,到处可看到虚假的面貌。甲乙碰面:

甲说:"你的文章写得真好。"

乙说:"哪里! 哪里!"

一方恭维,另一方自卫。

十六

有些人名位越来越高,车子越坐越大,而心灵越来越萎缩。

十七

许多人借崇拜别人来壮大自己。

十八

许多人用空虚来填塞空虚。结果还是空虚。

十九

不要怕承认自己的无知。我的老师金岳霖谈起学问来,常说：这个我不懂，那个我不清楚。

二十

有一次，在清华大学教授组织的一个逻辑研究会上，有人提起 K.Goedel，金岳霖说要买一本他的书看看，他的学生沈有鼎对金先生说："老实说，你看不懂的。"金先生听了，先哦了两声，然后坦然地说："那就算了。"师生对话，神色自若；学生不感到是冒犯老师，老师也不以为学生在顶撞他，面对学问的真诚如此！

二十一

一个文化要能存续与发展，不外乎：一、主动地或被动地吸收或适应外来文化。二、保存原有的文化。保存原有文化的程序可能是 revitalization movement。三、创造活动。

二十二

许多讲中国文化的人，极力在中国文化中附会些科学。这实际是把科学的分量估计得过重，以为中国文化中没有科学便没有价值。其实中国文化即使没有科学，并无损于它的价值。不过，对中国目前情形来说，用严格的方法来界定知识，检验知识，当然是重要的。

二十三

中国文化，不能凭借四个人的观念去把握：第一是不能凭借达尔文的进化观念，这个观念把许多人导入歧途。第二是不能运用康德的超验观念。第三是不能通过黑格尔的体系哲学。第四不能通过马克思的思想。中国文化不是进化而是演化；是在患难中的累积，累积得这样深厚。我现在才发现我对中国文化的热爱,希望能再活十五年,为中国文化尽力。

二十四

徐复观说:"无论如何,你所表现的一种反抗精神,在中国长期专制的历史中是非常宝贵的。仅仅这一点,就可使你不朽。"

殷海光说:"我不是反抗,而是超越。我希望徐先生也要走超越的路。"

二十五

陈鼓应说:"您给徐复观先生的信,昨天我和张绍文送去了。在路上我问绍文是否觉得徐先生和殷老师有什么不同的地方,绍文说:'徐先生的泥土气息很浓,第一眼看见他,就感到他像个从坚硬的地壳里冒出来的地鼠,对于这世界的一切,充满了新鲜、好奇的感觉,充满了一股向外跃动的生命冲力。而殷先生则像兀立在没有一片叶子的枯树上的老鹰,凌厉,高迈,孤寂,凝神。俯视物界,一目了然。鼓翼而飞,则一举冲天,直入云霄。'您觉得绍文的批评有没有道理?"

殷海光笑笑说:"有趣! 有趣!"

二十六

就思想的模式而论,我是长期沉浸在西方式的分别智中,我比较细密,讲推论,重组织。徐复观等人比较东方式,讲直觉、体悟、透视、统摄。这两种思想模式应互相补偿,而不应互相克制排斥。

思想的转折真不容易,如长江三峡,曲折弯转,才能一泻莫遏,直奔东海。

二十七

徐复观有时出语石破天惊,掷地有声。他的冲力大极了,常常向外冲时,变成了魔王,回到书堆时,又成为圣人。

二十八

徐复观的话一点儿也不错,时下有许多时髦的学者,没有读过一本经典著作,只拿美国浅薄的论调和名词来唬在台的人。学问的功夫,必须深厚。

二十九

韦政通智力颇高,然而仍须向深沉处下功夫。他具有相当的工作力和潜在力,将来或可向中国哲学的园地上开辟一条路来。

三十

陈鼓应问:"老师这二十年来教了不少特出的学生,您是否可以找出几位将来在学术上有工作能力或有所成就的同学,对他们作一些分析和批评? 他们一定很希望听到老师的评语。"

殷海光说:"可以的。像张灏,林毓生,林悦恒,罗业宏,何秀煌,叶新云,洪成完,林昭田,林正弘,孟祥森等很多很多,还有些一时想不起来。你记下来,让我对每个人构思一下,改天再作批评。"

陈鼓应问:"您觉得何秀煌怎么样?"

殷海光说:"他是个优秀的学院式的人物,也是很好的教育家。"

陈鼓应问:"叶新云呢?"

殷海光说:"他有相当深厚的基础,有思考力,智力高,反应敏锐。"

陈鼓应问:"孟祥森呢?"

殷海光说:"对于人性有深彻的透视力,看他的《幻日手记》,对于人性负面的意义抓得这么紧,挖得这么深,真是一本极好的存在主义作品。"

三十一

一般中国人搞西洋哲学,有三种:

（1）蜻蜓点水。

（2）雾里看花。

（3）水牛吃草。

三十二

近百年来,对于中国文化的工作,始终停留在所谓汉学和宋学两派之争的小圈圈里,转来转去:一是没有思想生命的考据派,一是玄玄虚虚的义理派——云雾哲学是也。

三十三

一般人谈到中国文化就动辄说:中国文化是静态的,中庸的,和平的,伦理的……一个个格子式的观念往里套,自己很安然地躲进思想的囚牢里。

我们的思想范围要像探照灯一样,耀射到每一角落里,不拘限于一个角落里。

三十四

我这三十年来,像爬墙的蜗牛似的,付出体液,在思想的生命上蠕进。

三十五

名声像一个影子,这个影子常比本人大。

三十六

许多人社会地位只剩下一点空影,但是在潜意识里却还残存着优越的幻觉。

三十七

没有自己的思想的人,只能算是一团肉,一团肉便做成什么都可以。

三十八

知识分子要有人类的关切心为其推动力,如果没有人类的关切心,就如同没有情感的机械。

三十九

凡是以博士、教授一类的头衔沾沾自喜者,都是不足挂齿的人。

四十

许多人活着,连自己是什么都不知道,连自己搞什么都不知道。

四十一

伟大的人物,只有一个主词:如何重建自己,开拓学术思想的园地,其他的一切只是陪衬。伟大的人物是不谈被迫害的。

四十二

真正需要隔离的智慧。要和别人隔离,必须先学习自己和别人隔离。

四十三

思想家是观念的探险者,也是新境界的开拓者。他的心灵永远对真理开放,对别人开放,他不拒绝倾听和他自己的思想不同的思想。

四十四

在学问的面前,我像沙滩上玩贝壳的小孩子,永远是那么新奇,不停止,不满足。

四十五

我的学问算不了什么,但我有超时代环境的头脑。三十年宝贵的经验,没有能够写下来,真可惜。这也是我不想死的原因。

四十六

从前有许多老和尚,在深山大泽的生活中安然地结束自己的生命,对生死看得很淡然,那是一种自我放弃。我不想死,乃是对生命有所留恋,乃是一种自我的肯定——这个自我的肯定,不是局限于狭小的个己,而是扩张到自我以外对人类天然的关切,是一种责任感,是对生命价值的积极肯定。

四十七

了解存在主义,必须要有这些基础:

(1)要对尼采以来的生命哲学有了解。

(2)要对休姆、康德以后的哲学发展的线索有了解。

(3)要对传统宗教有认识。

(4)要对现代文明的病态有认识。

（5）要对时代环境的问题有真切的感受。

（6）要对死亡的问题有体悟。

四十八

"鼓应，我对存在主义的认识不会太离谱吧！十年前你好几次说我是中国的存在主义者，当时我听了颇不愉快，现在才发现原来是同道人。等我病好了以后，我要和你跟新云一块来研究。还有，要好好地读庄子，庄子对人性的了悟这么深切，比现在的存在主义要高明多了。"

四十九

老庄的思想要从根地消解一切刑名制度，狂热营求以及杀伐活动。他们要撤去与生命活动不相干的繁褥，而致虚静，收敛生命的能量，提升越俗的自我，他们对于精神生活的安排，绝不是孔制所能提供的。

五十

孔制的价值系统和依它而制定的伦理规范，对于社会文化既有稳定作用又有拘束作用。事实上，任何价值系统和依它而制定的伦理规范，不可能只有维系社会文化的稳定作用而没有拘束作用；也不可能只有拘束作用而没有稳定作用。

五十一

我现在悟到中国文化自孔子以来不尚机变之巧的伟大价值。

五十二

我对于中国文化的体悟和重新的认识所获致的结论，在我整个思想过程的发展上来看，确是得来不易的，必须从我整个奋斗的心路历程中来了解才有意义。

绝对不可以把我的看法和钱穆这一般人混在一起,他们的脑子被既定的制式思想所凝着,双眼被俗世的考虑所迷惑。他们思考问题纯粹是从自己的感情出发,在没有看清楚问题之前就抢先下价值判断;他们富于根源感而缺乏展望力和分析训练;他们全然是一群在朦胧的斜阳古道上漫步的人。他们的结论是轻而易举地从堂庙里或名人言论里搬出来的,他们的古典是不敢(也从未曾)和弗洛依德、达尔文碰头的。因此,他们谈中国文化只是在做文章,其结果不是空论就是玄扯。

严格说来,钱穆这般人乃是保守主义者,他们基本的心态是退缩的,锁闭的,僵固的,排他的。他们不敢正视现实,不敢否定自己的错误。他们谈问题时,经常和不相干的心理因素牵扯在一起。

我和他们是判然有别的,两者之间的异点不可混淆。

五十三

我是传统的批评者,更新者,再造者。

五十四

张尚德问:"在过去若干年中,您对西洋文化的热爱远超过中国文化,为什么现在反而对中国文化有极大的好感?"

殷海光说:"人的思想是有阶段的,而且是会转变的。我之所以转而喜欢中国文化,有四个原因:(1)从思考反省中所得的了解:中国文化对于生命层域的透视,对于人生活动的安排,我渐渐地有较深的认识。(2)从生活的经验中体会出来的:回味以前的乡居生活,这种生活给人带来清新、宁静、幽美、安然、自在——这才是人的生活,才是人所应过的生活,这种生活是产生中国文化的根源。(3)我受了 Eisenstadt, Parsons 等人的影响。(4)最近受了张灏和徐复观先生的刺激,引起我对中国文化的一番思考。像 Eisenstadt 一些人,感到西洋文化已走向穷途末路,故而转向东方古典文化中寻求出路。但这是一项极艰苦的工作,我们必须将东西文化作一个 comparative study,然后才能确定文化 evolutional 意义(这里所说的 evolutional 并不是达尔文的意义)。我们学哲学的,处在今日文化危机的时代,也正是我们为文化做莫大贡献的时代。

五十五

张尚德问:"老师,你将来要研究宗教吗?"

殷海光说:"是的。"

张尚德问:"要做神的信仰者吗?"

殷海光说:"是的。不过不是传统的和一般意义的。我的神不是有一个具体对象的,而是爱、同情以及与自然的和谐,就像爱因斯坦所信仰的那样。"

五十六

我活不成了!平常看到人家把棺材一副副地抬出来,我们看了却很淡然,为什么今天面临自己,却有异样的感觉呢? 其实,对于死这件事,我老早就想透了,看淡了,我的潜意识里都没有一点儿恐惧感。只是我死得不甘心,我的思想刚刚成熟,就在跑道的起跑点上倒下来。对于青年,我的责任未了;对于苦难的中国,我没有交代!

殷海光先生遗嘱

1967 年 4 月 22 日夜 8 时 15 分,海光师在台北宏恩医院口述,平景笔记。

我如今也快活到半个世纪了,对于个人的生死并不足惜,否则这五年以来也不会是这个样子了。我所憾有四件事:第一,我觉得很对不起我的太太。她是很好的家庭出身的,以她的身世和相貌,大可不必和我这样的一个人在一起。我历经穷困,有时连买菜的钱都没有,我脾气又大,十几年来经历这么多艰险,受过那么多人的攻击构陷,她受尽委屈,但从无半句怨言。第二,对不起孩子,不能给她更好的教育和适当的环境。第三,在我的思想快要成熟时,我怕没法写下来,对苦难的中国人民有所贡献。第四,对青年一辈,可能没法有一个最后的交代,《思想与方法》《中国文化的展望》只是一个开始,何况我又一直在改变和修正我自己的思想。我若死在台湾,希望在东部立个大石碑,刻着"自由思想者殷海光之墓",身体化灰,撒在太平洋里;墓碑要面对太平洋。

殷海光遗稿

我对中国哲学的看法[*]

从广大的意义上来瞻望哲学的发展，我心中有一个远景——我憧憬着未来将会有一种世界性的哲学在人类中出现，这种世界性的哲学是把西方哲学、印度哲学和中国哲学往古各自的传统和现今努力的成果作了高度谐调的综合。如果这个理想能够实现，那么，世界人类彼此之间的关系将因此而趋于正常化了！

现在我暂且顺带借着和西方哲学的比较，来简短地陈述一下我对中国哲学的看法。

---

* 鼓应案：这篇文章是殷先生1966年左右用英文写的一份讲稿，题名"My View of Chinese Philosophy"。大家都知道殷先生一直在倡导逻辑和科学方法，从这篇文章上，可以看出他对中国哲学有一个转变性的看法，无疑地，这是一篇很珍贵的遗稿，相信大家都乐于读到它。本文初稿由我的学生邹台蒂译出，特此致谢。

一、中国哲学的特质

为了说明清楚起见,首先必须提到对中国哲学的一个理所当然的观点,即我们必须承认,中国哲学和印度哲学一样,并不是一门在程度上与西方哲学不相同的学问,它根本上便是另一种的哲学。与其说中国哲学是纯然智性上的产物,不如说它是对人类的生活、历史以及中国哲学家作为一个文明人而生活于其中的社会的一种反省。

融合与展现 **在中国哲学中,进行哲学思考活动几乎和过一种哲学的生活具有同样的意义。**中国哲学家很少有完全不顾现实社会和现实人生的,这和当代西方专技哲学家(如 Hempel, Scriven, Putnam 等)有很大的不同。中国的哲学家不仅仅把他的哲学作为信念而已,他实在是投身其中,将它作为个人和社会的一种生活方式。一个中国本土式的哲学家,不把哲学看做是一些仅仅为了纯心智上的领悟或乐趣而构想的观念的组合。大致说来,中国哲学是圣贤的格言的组合,它不但反映在中国哲学家的言谈中,控制了他们的内在的思维,甚而影响到他们的外在举止。这种情况产生的原因是由于**中国哲学把伦理、道德、政治、反省思考甚至相当程度的社会生活作了紧密的融合,然后将它们具体而微地展现在各个领域之中。**在这种意义之下,中国哲学是一元论或者圣人主义的。

天人合一 中国哲学的另一特色是天人合一。天人合一的思想就是万物融为一体,天人合一的最高体现是:人类在心灵上或认知上都和大自然完全地契合,即是人类返回自然,自然同化人类;而自然的法则便是人类行为的准则。因此,顺应自然就是人类行为最正确的途径。"征服自然"的观念虽然遍及整个西方,却未曾在中国思想中萌芽。天人合一的思想甚且经常表现在中国诗歌、散文和绘画之中。

　　未完全发展的逻辑的、知识论的思考　　大家都知道,许多西欧哲学思想家们早已熟悉和适应的一种思想方式渊源于古希腊,它是种极富理性推理的思考方式。这种可称之为逻辑的、知识论的思考,在希腊本土的发展要比在世界任何其他地方来得更为完备! 中国哲学的明显特性之一,就是这种思考方式的未完全发展。意识到逻辑和知识论可意含着意识到认知的、抽象的思考方法。由于缺乏这种思想工具,中国本土式的哲学思想也极少利用精密的逻辑思考方法来开展其思想。这对于中国哲学的发展有极深远的影响,自然,对于中国文化的发展也很重大:

　　(1)倘若,古代希腊中逻辑的、知识论的思考方式的高度发展对于西方人之富于科学思想有所贡献,那么,中国思想之欠缺科学性的思考也必然是受到欠缺这种逻辑思考方式的影响。

　　(2)由于缺乏逻辑的、知识论的思考方法,中国哲学家并不以有系统的方法来表达他们的观念和体验。这可能导致那些对逻辑的、知识论的思维方法念念不忘的西方哲学家们产生这样一种想法:即中国哲学是暧昧的、含混的、不清晰的,又是没有组织,不易把捉得到的,甚或有时难免使人产生莫测高深的感觉——这些感触都不是他们期望的"哲学"可以容纳的性质。因而对那些想正确地从中国哲学中学习一些东西的西方人而言,这无疑地使他们气馁不已！

　　然而，中国哲学之欠缺逻辑的、知识论的思考方式，绝不意指它不具有其他哲学上的重要意义。中国哲学中洋溢的"睿智"，和德语世界及英语世界中使用的"Lebensanschauuung"（人生观）、"Weltanschauung"（世界观）、"Interpretation of history"（历史解释）这些字眼具有同样的特质。

　　中国哲学常以隽永耐人深思的短语和警句的型式来表现出来。它们虽然看来似乎是不相关联而又漫无组织，却是非常适切地表达了其原作者的原创思想。维根斯坦的文体是近代西方世界中引人注目的范例，而《庄子》的文体则是中国出类拔萃的典型。当然，对那些习惯于几何型态的哲学思想的人而言，《庄子》一书弥漫了不够清晰的心智型态和思想不连贯的气氛。然而，他的哲学表现于优美如诗的散文中，到处洋溢着哲人的睿智和诗人的隐喻，充塞了无比高洁的美感想象，富于超越的取向，礼赞至高无上的人生理想。你可以在其中寻觅出至真至善至美的人生境界，却找不出一点对教条的迷信和盲从。在《老子》和《庄子》这些书中，文章的型式虽是如许精简，然而，毫无疑问地，它充溢着提示性，以及自由富于创意的思想。

　　中国哲学是创造性的，而非调练性的思想。

二、研究的途径

　　由前所述，我们知道，中国哲学研究方法和西方哲学的研究方法多少是有些不同的。关于这一点，我愿将我的观点作个简明的陈述。直至今日，尚未有一种具有普遍特性的方法可对一切研究具有使人信服的效力。严格说来,在研究某一学问之际,我们企图找出一种具有普遍特性的方法,而目前这种实际探讨的过程,还只是在尝试阶段。我们只能这样说:研究任何学问所要使用的方法必须与所研究的题材互相配合;换句话说,研究题材和研究方法愈是紧密相连,则我们的成果也愈为丰赡。前面已经提到过中国哲学的特质,我们不难看出:要想研究中国哲学,绝不能忽视由于研究方法和研究题材之不能配合而产生的错误存在。**传统上,中国哲学的教师们总是着重于课本的诵读和注释,当然,这些都是必要的,然而,并不是足够的。如前所述,中国哲学是和每一生存个体、个人生存其间的社会环境以及时代的脉搏息息相关,无法分割的。因而,为了对中国哲学作一番透澈的了解以说明清楚起见,必须把这些因素和情况作很审慎的考察。意图对中国哲学有适当认识的,则在后设语言学上的探索是不可或缺的;又由于哲学家的精神人格和其思想的脉络有极其密切的关系,所以对哲学家的人格发展也不能不予以注意。**

儒家思想支配中国达两千多年,它多少有些像西方中古世纪的基督教,也在中国思想信仰的体系中居于正统的尊贵地位。因而,如前所述,儒家思想极其根深蒂固地把中国的政治、伦理体制、个人行为、社会活动以及理想的生活方式,一一加以融合和扩展出来。所以,透过文化人类学和知识社会学来研讨中国哲学,自然是十分必要的。

然而,我们讨论到此,并不暗示我们将引用任何行为科学的法则和理论,而用人类行为的结果来"含盖"(照 Hempel 的意义)中国哲学。在物理科学中,用一般的法则或理论来含盖一类个例,我们总会得到有效的说明;但就人类行为而论,每一件行为都有其独特性。用行为科学的法则和理论来解释人类行为,到目前为止,所收到的结果十分有限:行为科学也不能完全解释人类行为的困惑。我们不能过分沉缅于科学主义之中。解释人类的行为是相当棘手的大问题;但是,这也并不意味着研究行为科学是完全没有用的。行为科学有助于我们发掘人类行为的特征、基本动机和一般倾向,以及海耶克所提出的"行为模式"。我以为假如把行为科学视作普通启发性常识的累积,那么,它对于了解(包含哲学性的了解)人类行为是能有所贡献的!

殷海光生平

殷海光先生传记

陈平景

　　这个传记是我的朋友平景根据殷老师讲述自己的生平写成的,这也是记载老师以往事迹唯一较详细的文字。

　　三年前的热暑,老师正处于深沉的忧患之中,他既感慨于外间对他的毁誉多出于误解,又觉得在忧患之中更怀念早年让他成长及给他教育的山川人物。于是,他想要把自己的生平用最平实的文字记录下来,印成一本书。7月下旬开始,他向平景讲述这篇传记,每周在家口授三次,每次两小时。由平景写成文字,再经老师批改订正。传记共历两个半月完成,他一直说要设法出版,并说稿费要送给平景,让他好好去念书。但是,这传记一直没有机会印出来,直到今日。

　　一贫如洗的平景,那时在台北温州街租了一间四个塌塌米的小房间,蹲在屋角,挥着汗水,昼夜不停地埋头撰写。他的热情和真诚使我们十分感动。

去年平景赴美，文稿存放在我这里。现在征得他的同意，把它发表出来，让有心人能有机会一读。

——鼓应记

一、一个逃掉的小商店学徒

殷海光出生在一个经济破产、思想新旧糅杂的大家庭里，他的伯父和父亲是这一个大家庭的两个要角。这两个要角又都是名副其实的过渡人物，这两个过渡的读书人的生命历程，反映出那时中国向现代化蜕变的历程。这在被他们目为家庭领袖的伯父身上，尤其表现无遗。

他的伯父和父亲的一生，代表了那时候的读书人的悲剧。对于儒家思想，他们随时表现出一个旧时代读书人的倾慕之情。友朋相聚，他们就高谈宋明理学和佛学，什么"半部《论语》治天下"；可是他们又向往新制度，渴望着吸收新的思潮。整个世界变了，中国变了，从武昌起义到"五四"运动，由"五四"运动到北伐战争，这些个中国历史上从未曾有过的变局，激荡着中国许多知识分子的心灵。不管你恋不恋旧，也不管你喜欢不喜欢革新，时代的洪流像怒吼的江河，毫不留情地冲激着古老的中国，毫不留情地洗刷掉多少褪色的梦。他的伯父变成一个激进的革命党人，为了民国的实现，他付出精力，热情，和生命，一直到民主共和的招牌挂出来了，他才脱离了政治。在从事革命的时候，他被满清政府逮捕下狱；民国出现了，出狱。他看见的是革命者们争权夺利，把理想丢在脑后。他幻灭了，为着重新捡回自己，他皈依基督，在三十七岁的中年重新做一个圣经书院的学生，终于成为传教士。殷海光的父亲本在乡下种田,受了他大哥的影响,同时为着上进,也进入一个神学院,后来也成为一个传教士。

殷海光"家住长江头"——一个位于长江头的落后小村,这是殷海光的老家。在武昌,他们也有一个家。这个大家庭实际上早已各自为政。可是,他的伯父以一家之长的地位,坚持要这个大家庭撑住一个不分散的局面,以免露出家庭的败象,为故乡父老所耻笑。一个破落户怎么能够全凭血统关系来撑持呢?于是猜忌、自私、死要面子、虚伪便在这个貌合神离的大家庭里出现了。这使殷海光对于传统中国文化的结晶——家——的黑暗洞悉无遗。这也种下了他对中国固有东西的厌恶和反叛的主要种子。

他的少年时代正值"五四"和"北伐"之后,正所谓在大浪之后的余波。那时的青年少年们爱高谈主义,无论政治上的或是学术上的主义都谈。他们对于主义的真面目往往浑然无知,顶多是一知半解,停留在新闻报道的那一个层面上。可是,不管懂或是不懂,他们都谈得那么起劲,那么热烈,甚至于对它效忠,为它抛头颅、洒热血。他们对于社会国家的前途抱有责任感,爱追求理想,希望古老的中国现代化,希望新生的中国强大。那时没有升学的竞争,也没有留学的热潮,问舍求田的人被认为是没有出息和落伍的人物,要谈只谈大事,要追求只追求理想。

初中时代,殷海光就是个任性自由发展的学生。在武昌的一间中学念书时,他喜欢的功课成绩特别好,他不喜欢的功课常不及格。他的伯父和父亲为了这件事闹了意见,父亲说他"不堪造就",决定把他送到外面去当学徒,学学生意,将来好混一碗饭吃。就这样,他念完了初中二年级就被送到汉口去,在一家食品店里,开始了他的学徒生涯。

这家食品店是一个会说英语替洋人当翻译的人开的。这个老板长得很帅,高高的个子。老板在家的时间少,铺子里的先生和老板娘就作威作福,颐指气使。这个成绩常不及格的初中学生来到店里学生意的第一步工作是学坐柜台,因为这个小学徒念过一点书,懂得一点算术,所以这件工作在智能上本来可以愉快胜任的,可是,就当时流行的想法说,学徒总不是读书人可以干的。他坐在高高的柜台上默想,万一不巧,被旧日的同学看见,那多难为情啊!因此他窘态毕露,整天低着头,涨红着脸,如坐针毡,生怕遇见熟人。可真不巧,有一天,一群旧日的同学竟然结伴光顾了这家食品店。说时迟,那时快,他要借故躲藏起来,但已经来不及了,只好尴尬不堪地敷衍着同学,支支吾吾地回答他们的问话,真感到无地自容。

店里最辛苦的活儿是清晨四点钟就要冒着寒风赶到一家面包作坊去"抢"面包。为什么要"抢"?因为这家作坊生意好,不"抢",一忽儿就没有了。他大清早得赶到工厂,那里已经有好多别家食品店的学徒等着。做面包的大师傅把热烘烘的面包从烤炉里扔出来,往外一摔,一群来自各商店的学徒立刻围上去,死命去抢那些刚刚出炉的面包,回去赶早市。炽热的铁烤盘子由炉里摔出来,摔到谁身上,谁身上就是一个大泡。为了生意,为了老板的面孔,这群可怜的学徒经常被烫得怪声怪叫,露在衣服外面的皮肤斑痕点点。这种面包也有卖不掉的时候,店里为了顾惜成本,有时把隔夜的面包涂上一层糖水,表面看来很光亮,像是新鲜的，把它混在新鲜面包里卖给客人。这种商场造假的行为，在他的脑筋里留下深刻的印象。

那位作威作福的铺子里的先生跟老板娘有暧昧行为，店里的伙计学徒们早有传说，在背后议论纷纷。老板是一个懦夫，对她莫可奈何，因此之故，这对男女在店内越发我行我素。事为黄冈来的那个小学徒所闻，他非常不齿这两个人的行为。有一天，奸夫淫妇正在楼上作阳台之会，恰巧小学徒因事到楼上来，知道这对衣冠楚楚的人在做什么。由于一种厌恶感的驱使，他毅然把房门倒扣上。这对男女被锁在里面，想尽了办法，攀过另外一间房间才得出来。追查的结果是，小学徒理直气壮地承认这件事是由他做的，老板娘大为震怒，公然质问这位"多管闲事"的小学徒。

他到底不是一个学徒的好材料。在这家食品店八个月之久，殷海光清清楚楚地知道自己不是走这一条路子的人。于是他决心离开这里，重新寻觅他自己的道路。机会来了，他存够了旅费，在一个黄昏不辞而别，离开这家食品店，回到黄冈的老家，成为一个没有学成就逃掉的学徒。

他的伯父和父亲起先对他十分不谅解，可是他们到底都是读书明理的人，经过这个没有学成的小学徒一再的说明和恳求，终于允许他回到武昌，复学读书。终于，殷海光找到了另一条路子。

二、翻译一本厚厚的逻辑书

高中时代的殷海光是一个爱跟别人讲大道理，又爱辩论的人，性情又非常激烈。少年气盛，自以为自己所说的就是真理，每辩论总想战胜别人。因为他想以理服人，认为说话得合逻辑，所以,他开始找逻辑方面的书籍。那时,世界书局出版一种"ABC丛书",其中有一本《论理学ABC》,这是他生平第一次读到逻辑书。这本书不但给予他最基本最粗浅的逻辑知识,扩大了他阅读的视野,并且激起了他对逻辑和哲学的关心。那时,张崧年在天津《大公报》主编《世界思潮》,介绍当时世界的新思想以及哲学家的动态。这份《世界思潮》成为最吸引殷海光的读物。通过《世界思潮》,他看到了张荫麟的文章。张是梁启超的得意学生,极有才情。他用"素痴"的笔名,介绍罗素等西方第一流的学者。《世界思潮》上也介绍有关逻辑的书籍。一个有理想的少年人求知的热诚,在这一个见所未见、闻所未闻的视野中,得到了适当的满足。他的伯父原是一位好藏书的人,在这以前,殷海光在他伯父的藏书中就曾读过罗素的一篇名作《一个自由人的崇拜》,因此他对罗素本来就有一个印象。后来读《世界思潮》上的介绍,他对罗素的印象也就更明晰。这位才华横溢,光芒万丈的大思想家大哲学家,使殷海光的思想一生深受影响,也深受着鼓舞。这注定了他一生走自由主义、人道主义和个人主义的道路;注定了他一生要为追求友爱、真理、和平及人类的幸福,做一支寂寞而又高傲的水山上的蜡烛。

正当殷海光醉心于西方大学者的思想,走向广漠无垠的思想原野,惊羡逻辑这朵花的美艳迷人时,一位在清华大学念书的同乡由北平带给他一本厚厚的逻辑书。这本逻辑书上有弯弯曲曲的符号,着实引人入胜。这就是1939年由清华大学出版部出版的一本金岳霖所写的书,这本中文逻辑书对他学习逻辑的帮助太大了,他用这一本结构严谨、分析细密、见解精辟的书,打下一个基础,使他后来能够更进一步迈向逻辑的原野。因为这本书,他写信给著者金岳霖,这是他们师生关系的正式开始,这件事影响了他的一生。

那时,大学教授在中学青年们的心目中具有何等崇高的地位!何况那时的金岳霖教授,在清华大学执教以前,曾在国外大学任教;在清华任教以后,陆续有论著在国外有地位的哲学杂志发表。殷海光是一个内地中学的学生,既无一面之缘,又没有人介绍,他直接写信给金教授,和他讨论逻辑上的问题。这在一般人看来简直不可思议!可是,受一股求知热望的驱使,受一种对金先生景仰之情的驱策,他写了一封信给金先生。很快地他收到了回信。信中金先生除了答复他的问题之外,同时表达了对他见解的欣赏,并且愿意多思考这个中学生提出的问题,又告诉他有哪些书可以寄来借他读。这种鼓励,这种亲切的态度,远超过了殷海光的想象,也远超过了他的期待,他想不到一位这样有地位的学人对他会有这样的反应。后来他写了一篇讨论逻辑的文章,金岳霖介绍刊在张东荪主编的《文哲学报》上。这对一个刚踏进学问之门的少年的鼓励太大了。

为了学习逻辑和哲学,他开始对介绍思想的书着迷。他经常跑武昌的书店,虽然钱少,经常不够买书,不过他总是看一看他心爱的书,等钱够了,把它买回去,慢慢地、详详细细地读。在商务印书馆,他订购到一本 Champsman 和 Henle 合写的 *The Fundamental of Logic*(《逻辑基本》),殷海光得到这本书,真是如获至宝,他从头到尾仔细读完,决心把它翻译成中文。这件事得到当时中学老师的鼓励,在他高中二年级的冬天,漫天飘雪的日子里,他一边用木炭烤手,一边翻译这本大书。

一个中学生,在几门功课不及格的情形之下,居然要翻译一本与高中的功课毫无实际关系的大学用书,这种举动不但得不到家长们的支持,甚至,长辈知道这件事之后,把他目为"怪物"。先是父亲反对,其次是兄姐们冷嘲热讽,说他不自量力。但是,这些都丝毫没有动摇过他的决心。为了求知,也为了理想,他在那么孤立无援的情况下,接受了他生平第一次艰苦的考验,他不知道自己会不会成功,可是,他知道自己终必把这本书翻译出来。熬过多少严寒的冬夜,经历过多少心智上的艰苦,克服了多少文字技巧上的困难,有时如山穷水尽,有时又是柳暗花明,整整经过了半年之久不停不撤的努力工作,在1936年1月1日,这本四百十七页的书终于翻译成功。

只有实际从事过学术著作翻译的工作者,才明白译事的困难。在这一本书中,我们不但可以看出他对逻辑有清楚的认识,而且可以看出一个少年人一般不容易具有的严谨的透视力和分析力。为了明了殷海光少年的才气,我们且看看他的"译者引语"。在这一万五千字的"译者引语"中,殷海光除了对所译的原著做了一番介绍和批评之外,还对一般人(甚至逻辑学者)所误解的逻辑作了一个澄清的工作,他将不是我们所谓的逻辑列举了几条出来:(一)逻辑不是研究思想的学问。(二)逻辑不是试验的学问。(三)逻辑不是研究科学方法的学问。(四)逻辑不是研究语言文字的用法的学问。(五)逻辑不是辩论术。(六)逻辑不是推理的学问。现在,我们摘出其中的三项来看看:

逻辑不是研究科学方法的学问

尝见有许许多多逻辑书中讲到科学方法。由此可以知道,许多逻辑家认为逻辑一部分的职务是研究科学方法。这似乎是一种极其普遍的混淆。这种混淆就是没有认清逻辑的正当田野和限界——逻辑的本身和它的应用之不同。我们必须认识或清楚:科学方法只是应用逻辑原理规律于科学的探究上的一种程术。如科学方法里的归纳法是以逻辑中的概然理论为依据;科学方法里的演绎法是以逻辑中的一些关于必然关系的规律或原理为依据。这样看来,可见科学方法只是逻辑的一种应用。既然只是一种应用,自然不是逻辑的本身,而许多逻辑家将科学方法当做逻辑的一部分,岂不是没有认清逻辑的正当领域么?

所以,依据我们的这种见地,培根、穆勒辈完全不是逻辑家,而是科学方法论家;因为他们所研究的,所贡献的只在科学方法论,对于逻辑毫无贡献。纯粹逻辑史上不当有他们的地位。这并不是轻视科学方法论。没有正确的科学方法论,便没有正确的科学方法。没有正确的科学方法,哪有今日这样灿烂辉煌的科学? 我们的思想不过是说科学方法不在逻辑范围之内罢了。

逻辑不是研究语言文字的用法的学问

一般古典逻辑书中总有许多篇幅被讲文字的妙用、音调抑扬、丽辞绮语、譬喻比拟、分谓合谓等等的题目占据了。从纯粹逻辑的观点看来,这些题目全然不是逻辑所研究的对象。逻辑所研究的对象并不是所用的文字语言的本身,而是借着它们所表出的种种型构。人类所应用的自然文字是深深地受着风俗、习惯、运用者的特殊习性等等因素的影响,而逻辑却是普遍的,独立的,超然的;所以自然文字根本不适于作表示逻辑的工具。因着这种缘故,于是现代革命的逻辑家废弃文字的应用而创作符号以代替之。这样一来,不仅可以纯粹程示逻辑,而且更可以研究这些玩意,竟至完全与逻辑不相干了。可是,到现在仍然有许多古典逻辑家不了解这个道理。所以弄来弄去,结果还是远在逻辑殿堂之外。

逻辑不是辩论术

有许多究习逻辑的人将辩论术——包括希腊辩学,中国名学,以及印度因明——当做逻辑的一部分。我们不同意这种看法。我们之所以不同意这种看法,有两种理由:一、我们严格地区分"学"与"术"的不同。我们认为两者的不同并不完全是在内容上或本质上一定有什么的差异。同识的产品,从致知的观点看去是学问,从致用的观点看去却是技术。譬如统计学研究关于相应(correlation)等等学理的时候便纯粹是一种学问;但是它利用学理来作统计时,便成为一种技术了。可见"学"是人类纯粹求"致知"的一种努力;"术"是人类纯粹求"致用"的一种努力。两者虽有密切的联系,但是各有其作用,不可混为一谈。依同理,虽然辩论术里有时应用着逻辑,但是仅仅是应用而已,绝对不是逻辑的本身,老实说,何况那古人片断的辩论,根本谈不上怎样有系统地扩大地应用过逻辑呢! 二、凡属稍稍体验过逻辑的根本性征的人,当会知道辩论术中固然常常含有逻辑的某些原理,而逻辑中却没有含着辩论术。不同的辩论术往往显示同一的逻辑,而同一的逻辑很可以用各种不同的辩论术表达出来。由此可知逻辑与辩论术是两种全然不同的东西。既是这样,我们也就不可将逻辑当做是辩论术了。

澄清了各种误说之后,殷海光给逻辑下了一个界说:

> 我们可以将逻辑暂且界定如下:
>
> 逻辑是型构的科学
>
> 总而言之,我所意谓的逻辑十分严格:我认为逻辑根本不可加以任何解释(interpretation)。因为加了解释以后,就不是逻辑了。所以,我以为 a⊕b=b⊕a 是逻辑,而 a+b=b+a 不是逻辑,不过它里面潜伏着逻辑就是了。同时,我甚至认为现代符号逻辑里的类(classes)和命辞(propositions)都不是逻辑的根本题材。我认为类和命辞只不过是人类现在所知的逻辑之最简单的最直接的表出者。这也就是说,借着命辞和类,我们才可以最简单最直接地表出逻辑。既是如此,所以我们不可以将类和命辞当作就是逻辑;所以类和命辞还不是逻辑的根本题材。明白了现在所讨论的种种,我们就会同意以下的必然结论:
>
> 逻辑不动,也不静,即与动静问题无关。逻辑不肯定实质世界里的什么,也不否定实质世界里的什么。逻辑不仅可以型定某一特殊对象,而且可以型定任何特殊对象。逻辑不唯心,逻辑也不唯物。它是我们人类处理经验的一套最完备的工具,如果就用途上说的话。

以上是一个高二学生对逻辑的见解。

三、朝向往的地方走

自清代建都以来,北京一直是中国学术的中心。"北伐"完成之后,中国颇有一番新兴的气象,学术文化也不例外。北京经过"五四"运动,更成为中国新的学术思想中心,当时的北京大学和清华大学更是南北知识青年向往的学府。1936年的秋天,高中毕业后,殷海光决心到北平去求学。为了这个计划,他先写信给金岳霖先生,征求他的意见。金先生回信鼓励他。可是,他的家庭对于他继续求学的事不太热心,原因是一来他读书不合常轨,二来没有这笔钱。但是,这阻止不了他炽烈的求知欲。他自己东奔西走,勉强凑足了一笔数目极小的旅费。一个内地从来没有出过远门的少年,穿着一套黑色土布的高中制服,提着一只箱子,单身搭上平汉铁路的火车,做他有生以来第一次的离家远行。坐上平汉铁路的火车,向遥远而又陌生的北平进发。

挥别大别山,出武胜关,穿过河南全境,到了河北省。东望是一片无垠的黄淮平原,西望是隐隐在目的太行山脉。开阔啊!无限的开阔啊!沿途看见多少平原,山谷和河流,红色的枣树像无边际的原始林向他招手,深秋的蓝天向他微笑,洗去了多少乡愁。

经河北的保定再往北走,上车的旅客说的话就多是北平道地的京片子了。这种京片子代表着京城官方的语音,带着多少古典的文化气息。这在一个满口湖北土腔的孩子听起来,实在觉得混身舒服。京城近了,京片子更多了。从此以后,他开始憋着学京片子,半年之后,他也能说京片子了。

第三天,向晚时分,他终于到了北平——这一座五朝京城,它继承了中国黄金时代的文化,被包围在方形的城墙里,皇宫像一张长方形的大安乐椅,在这张五朝的摇椅里,一代王朝兴起,一代又接着灭亡,但是北平却始终屹立无恙。皇宫的西面,有三个互相衔接的湖——南海、中海和北海,湖间驼背形的石桥,沿湖百年的古树和盛开的荷花,陪着宫殿黄色的釉瓦闪耀着北平特有的光辉。北平城像一座古老的公园,它静静地躺在成千成万的绿荫中。

车停处,他看见一座广大的火车站,灯火如昼,人潮滚滚,这个乡下的少年茫失在人潮里,面对这样陌生而又雄浑的大都,他不知道应该怎样走。提着箱子,踏着自己的影子,信步沿街寻走,他在转角处看见"顺城街"三个大字。这是他在北平认识的第一条街道。走了一段路,找到一家小旅馆,住到二楼的房里,刚刚坐定,待要打开行李休息一会儿,他看见门帘掀起,一个面目姣好的女子出现了,对这位年轻的旅客嫣然一笑。这一笑,使少年的殷海光满面窘态。看到这个不明世故的乡下佬,布帘重又放下。人走了。这个少年旅客独自一人坐在屋子里发怔。

第二天一大早,他拿着金岳霖先生给他的地址,找到北总布胡同的金宅。这是一间旧式的大房子,庭院里有古树,花木扶疏。门房问明来意,把他领到客厅。一刻工夫,他看见一位个子高大,脸型方正,前庭饱满,戴眼镜,白发梳到后面,酷似一个英国绅士的中年人站在他的面前,这就是他心仪已久的金岳霖先生。这个中年绅士给他的第一印象是厚重、严正、深沉,有英国绅士的风味。金先生问他的姓名,少年把名字报出来。只听到他很和气地点头说好。接着,金先生邀这位远道来投的客人共用早餐,态度是那么地自然。早餐桌上所见的全是西化的食物:西点面包、鸡蛋、牛油、小山芋、美国的小玉米、咖啡还有水果。这是那时候的教授所能享受到的早养。在吃饭的时间,金先生并没有寒喧这一路北来的情形,而是谈学问,他问殷海光读过什么书,有没有读过怀德海和罗素合著的 *Principia Mathematic*,他说没有。金先生立刻把这部大书借给他。其实,以殷海光那时的逻辑程度,怎能读得懂这部著作呢? 金先生是一位深刻的学人,但是实在不太懂得教学方法。

早餐之后,金先生领着殷海光去看他的书房,在金先生的书架上,歪歪倒倒地放着二三十本书,如此而已。可是当时享有大名的学人如张东荪、李季、郭大力等人的书,连一本都没有,只有罗素、休谟、布莱德雷等人的书,此外还有约翰威士顿的 *Mind and Matter*、瑰英的 *A System of Logistics*。这使殷海光非常诧异。当时因为初见面,不敢问他怎么只有这样的书,没有流行的中文著作。以后熟了,谈起书的事,金先生说:"时下流行的书,多是宣传,我是不会去看的。"言下之意,要看嘛,就要看罗素之流的书。这给殷海光的影响很深远。金先生看书跟他喝咖啡一样,他喝咖啡就要喝好的,否则宁可不喝。他读书要读就读像样的。

殷海光和金岳霖第一次见面的时候,颇使他震动的是金岳霖的谈话方式和态度。从内地中学教育熏陶出来的殷海光,谈起话来满口的"我认为一定怎样……","我敢说如何……",金岳霖的口气是"如果怎样,那么怎样",有时又说"或者……","可能……"。这使殷海光的思想方式起了重要的变化。这是他和金先生第一次见面的经过。那时大学已经开学了,他只好先住下来,一方面接近金先生，一方面准备第二年夏天投考北平的大学。他搬到北大附近叫沙滩的地方住下，那里有许多学生公寓，他就住在一家公寓里。每一周约好和金先生见面一次，一起吃饭，谈学问。

住在公寓的期间，有一天，张东荪派他的学生，北大的讲师孙道升来看殷海光，过了几天，张东荪自己又亲自来看他，谈哲学，谈逻辑。那时，碰巧在他的书桌上放着一本 C. I. Lewis 和 C. H. Langford 合写的 *Symbolic Logic*，张拿来翻翻，说："逻辑这东西其实是很简单的。"殷海光觉得张并不知道逻辑，至少他不知道逻辑之艰难，所以信口乱说，以后就不愿意和他多来往。不过，孙道升那时三十多岁，张东荪已经五十左右了，而且正享大名，他们肯亲自来看一个籍籍无名的少年人，这在今日看来，未尝不是一件有意义的事。

当时金岳霖在北方提倡研究逻辑颇力。他自己在《哲学评论》上发表许多有关逻辑的文章。清华、燕京大学的教授组织了一个逻辑研究会，主脑人物是金岳霖、沈有鼎、张东荪、张崧年、汪奠基。他们每周聚会一次，讨论与逻辑有关的问题。殷海光也去旁听，敬陪末座。那时 K. Goedee 开始享大名，会中提起这个人，金岳霖说要买他一本书看看，他的学生沈有鼎对金先生说："老实说，你看不懂的。"金先生闻言，先是"哦哦"，哦了两声，然后说："那就算了。"殷海光在一边看到他们师生两人的对话，大为吃惊。学生毫不客气地批评，老师立刻接受他的建议，这在内地是从来没有的。

后来沈有鼎来找他，和他谈了一些逻辑方面的问题，指导他如何去学逻辑。沈有鼎也看见他书架上的 Lewis 和 Langford 合著

的 *Symbolic Logic* 那本书,他说这本书很浅。同样的是说"很浅",殷海光听出张东荪说的空泛,沈有鼎所说系出自一位真正在逻辑上训练有素的人之口。

这时熊十力住在离北河沿不远的地方,殷海光常去看他。熊的住宅,纸糊窗户,破破烂烂。殷海光与他谈起胡适、冯友兰和金岳霖,熊十力对于这三个人都有很严厉的批评。这位黄冈籍的学者向来以脾气大为人所共知,他说:"胡适提倡科学,胡适的科学知识不如老夫。冯友兰不认识字,金岳霖所说是戏论。"后来,殷海光对金岳霖提起熊十力,他希望知道金岳霖对熊十力的看法。金岳霖说:"据我所知,熊十力是中国研究佛学最深刻的一个人。"殷海光接着说:"先生好打人、骂人。我亲眼看见他在梁漱溟背后打三拳,还骂他是一个笨蛋!"金岳霖说:"呃,人总是有情绪的动物。是人,就难免打人骂人的。"深受英国经验论习染的人和受中国思想习染的人,在论人论事上竟有这样的不同。

如果拿金岳霖和熊十力两位先生来作一个比较,金先生对于别人的谈话总是静静地听着,他爱分析问题,他客观,是如何就说如何,从不武断,很少把自己的主张加在别人身上。熊十力先生固然执持真理甚坚,但多半不听别人说话,他似乎认为:"你们小孩子有什么话说!听老夫的!"别人和他谈话要是说错了一个字眼,他就破口大骂,有时武断得出奇。殷海光带着一颗追求真理的心到北平,他对于随便哪一路的哲学都没有先入之见。可是,他在接触了这二位很不相同的大师以后,细心加以比较,终于不得不跟着金岳霖走。他现在的思想所表现的经验论的倾向,早在那时候就已经根植了。

　　初到北平的时候,金先生要他去看看清华大学,叫他到北大沙滩去搭燕京大学的校车,金岳霖在清华大学门口等待他。燕京的校车是银顶的豪华巴士,上面坐的男女学生穿着很摩登、很讲究的衣服,模样很斯文,也有些洋气。殷海光穿着乡下黑土布的高中制服,跻身其间,显得土头土脑,很不调合。他自己一个人,又没有人跟他说话,显得更忸怩不安。车出西直门,一下车,金先生果然在清华校门口等他,见到了金先生,他真像见到了自己的亲人一样。金先生带他参观一番,谈了一会,最后到一个很讲究的餐厅吃饭,金先生约了几个熟识的男女学生一起。那些清华、燕京的学生举止斯文,有点高贵气质,他们谈话之间常夹着英文。殷海光的个子又矮又小又瘦,英文又不行,大学里的情形知道得更少。相形之下,他有些自卑。只有金岳霖找些话来跟他谈,金先生每跟他谈一次,他心头的压力就减少一分。

　　有一次,他到北大学生宿舍去找一位同乡老大哥——北大哲学系四年级的学生。北大的学生宿舍非常讲究,单人房间,有热水汀。那位留着两片胡子的同乡在读艾思奇之流的小册子,圈圈点点,异常认真。他问这位同乡大哥说:"天下的好书这么多,为什么偏要读这么浅薄的东西?"这位同乡大不以为然,认为这位小弟夜郎自大,目中无人。他说这书中才有真理,殷海光说:"我看全是鼓励政治情绪的词儿,哪有什么真理?"两人就各不相让,在宿舍里大辩起来。那时的殷海光师事金岳霖、沈有鼎先生,对于书籍的品鉴力已经很高,一般书本看不上眼,何况宣传的东西。二人弄得不欢而散。

　　那年12月的某一天,学生公寓里,有一位高高瘦瘦的人说:

"今天是我最痛快的一天。"殷问:"为什么?"他说:"在西安的张学良把蒋委员长抓了起来,他不抗日,所以抓起来最痛快了。"殷海光听了这话,十分气愤,他告诉那人说:"我今天最难过……蒋委员长是抗日的,只因为我们准备不够,时间还没到来,所以没有发动,蒋被抓起来,谁领导抗日? 眼见国家要四分五裂了。"两人各执一词,激烈争辩起来,竟因此感情完全破裂,以后见面不理。殷海光为此几乎屡次和人动武。我们且看 1945 年 12 月,他在重庆嘉陵江畔为光明出版社写的一本小书,叫做《光明前之黑暗》,就可知道。这本书在当时是很畅销的。他写这本书的动机是眼见当时重庆左派思想弥漫,大家都一边倒。殷海光独具慧眼,独排众议,仗义执言。

第二年暑假,他正想入清华读书,不料"七七事变"爆发。他只好告别北平,回到湖北,静待局势的改变,做其他的安排。

四、回到故乡

1937 年的秋天,酝酿了好久的中日战事终于爆发了。南北交通顿时中断。来自南方的青年,生活的资源断绝,完全受到日本军人的威胁,同时都存心抗日,所以纷纷设法回到南方去,那时南归汇成了一股潮流。我们要明了"七七事变"前后的形势,最好看蒋梦麟的《西潮》,在那本书第二十六、二十七章里,他对中日关系和"七七事变"的真相,有很扼要的描述。他说:

　　一八九四年(甲午)中日第一次战争以后,中国这位小姐开始崇拜日本英雄。她涂脂抹粉,希望能获得意中人的垂青。但是她所崇拜的对象却报以鄙夷的冷笑。……

中国固然无法获得她意中人的爱情,但是她希望至少能与日本做个朋友。想不到日本竟出其不意地掏出匕首向她刺来,差一点就结束了她的性命。这就是大家所知道的"二十一条"要求。从此以后,她才逐渐明白,她的意中人原来是个带着武士道假面具的歹人。后来日本倒转头向她示爱,她也一直不肯再理睬他了。因为这时候她已经知道得很清楚,他向她追求不过是为了她的丰富妆奁——中国的天然资源而已。

接着来的是一幕谋财害命的惨剧。日本这个歹徒,把经济"合作"的绳子套到她脖子上,同时又要她相信那是一条珍珠项链,叫做"东亚共荣圈"。民国二十年九月十八日晚上,正当大家都沉睡的时候,他忽然把绳圈勒紧了。

……民国二十一年(一九三二年)一月二十八日下午,我前往上海车站,准备搭火车回北平。进车站后,发现情势迥异平常,整个车站像荒凉的村落。……

日本已经展开对上海的攻击。结果引起一场民国二十六年(一九三七年)以前最激烈的战事,但是中国终于被迫接受条件,准许日本在上海驻兵。

未改名北平以前的北京是文化活动和学生运动的中心,易名以后则变为中日冲突的中心。民国二十六年(一九三七年)之初,北平附近事端迭起,战事已如箭在弦上,不得不发。七月七日的晚上,终于发生芦沟桥事变。日军在夜色掩护下发动攻击,从芦沟桥的彼端向北平近郊进袭,城内驻军当即予还击。

战事断断续续相持了好几天。十二天以后,北平城外的零星战事仍在进行……

在此后的两个星期内,战事像洪水一样泛滥北平附近。宋哲元将军英勇奋战,部下伤亡惨重。……宋哲元将军仍旧希望把事件局部化,要求兼程北上的中央政府军队暂时停留在保定。结果中央部队就在保定留下来了。

但是现由少壮军指挥的日本军却并未停止前进,宋哲元将军的部队四面八方受到攻击。一位高级将领并在作战时阵亡。宋将军不得已撤出北平,日军未经抵抗即进入故都。

日军已经控制北平了。

在进城之前,人们看见日本兵常常在郊外演习,也看到宋哲元的大刀队。后来战云密布,芦沟桥事变终于发生了。先是在北平城内隐隐听到隆隆的炮声,其次是看见日本的灰色战斗机低空掠过。北平的青年学生爱国情绪激昂。在北河沿的土堆上,殷海光看见学生们领着街上闲荡的野孩子,在手舞足蹈地唱着反日歌曲:"打倒日本,打倒日本,除汉奸,除汉奸!"在这批爱国的青年学生中掀起一片悲愤。他们生活在紧张中,也在兴奋中,他们反日的情绪日益高涨。这样经过不久,突然有一天,炮声沉寂了,日本人进城了。日本人进城的时候,殷海光目睹了这凄凉的一幕。在东单排一带大街上,平素很热闹的地点,这一天,殷海光和几个青年走过这一带,街面上忽然鸦雀无声,行人低着头走过。这种光景好生令人奇怪。殷海光回头一看,原来是一大队日本兵举行入城式,一大队日兵撑着太阳旗,骑着战马,穿着土黄色的制服,刺刀闪着耀眼的光芒,他们迈着整齐的步伐,面目严肃,由东向西。这是他第一次尝到亡国的滋味。他决定离开北平,离开这座被征服的故乡,回到南方去。

最先,他找到一群南方来的学生,他们在一起商议如何逃出北平,回到南方去。他们分头打听,利用什么交通工具才能离开。那时殷海光身上没有旅费,他必须要去找钱,只有金岳霖才能帮助他。于是,他到北总布胡同去看金先生。

在古城被敌军攻占的那种日子里,局势相当紊乱,人心惶惶,城内一片凄凉景象。"华北维持会"正要成立。金先生依然在家里写作,外面的变乱,好像并没有搅乱这位学者的工作。殷海光把来意告诉他,他说:"你回南方去! 这里局势动荡不定,我恐怕你流落在这个地方。时局可能不是一时能安定下来的,一切须要从长计议。盼望你平安回到家乡。"最后,金先生给他五十块钱,这笔钱作为北平到汉口的旅费,足够有余。殷海光就这样暂时辞别了金先生和一些青年,辗转向南方走。

南方来的学生们打听到一种逃亡的方法。他们决定坐平津路的火车到天津,再由天津到山东,由山东走陆路回南方。计划已定,同行六七个人由窗户挤上开往天津的火车。这火车真像挤沙丁鱼一般,厕所这时成为旅客的圣地,里面占满了人。大小便毫无办法解决。由清晨到夜里,整整挨了一天,火车才到天津。

他们一伙人在天津法租界一个豪华住宅的大门口站了一会,一个华籍的司阍出来赶他们。他说:"九点了,快要戒严了,你们是什么人? 快离开这里!"离开这里到哪儿去呢? 北方深秋的天气已经很冷了,可巧那天又下着微微细雨。每一家旅馆都是客满的,真正是"无立锥之地"。夜更深了,大家急得像热锅上的蚂蚁。更急的是殷海光,他憋了一天的小便,找不到地方方便一下。好不容易在一个小巷里找到一个坑,解了生平最长的一次小便。解过之后,他觉得全身松了下来,经过一整天的舟车劳顿,的的确确是太累了,他需要休息。可是,到哪里去休息呢? 他们在租界地跑来跑去,最后在平民区找到一间弄堂,敲门之后,他们向主人说明自己的身份,告诉他说他们是北平逃难的学生,要求主人让他们在这里歇歇脚,度过一夜。这家主人听说是逃难的学生,倒很同情,开门让他们进去,发动几个家人搬了些竹床、籐椅,让他们在天井里过了一夜。因为太累了,他们也就很快地睡着了。

第二天,他们要做的是找船。好一点的客轮都挤满了逃难的人,不容易买到船票,停留了两天,找到一艘日本的小货船,他们就决定到码头去。到码头的中途有一座桥,河的两面就像是中日的边界,两个日本骑兵骑着高头大马,挥着鞭子,企图阻止难民逃到桥的那一边,逃向码头。可是鞭子并没有阻止汹涌的人潮。在日本人的鞭打下,难民仍然涌向码头。殷海光靠他短小的身材,躲在人潮中,躲过了日本人的皮鞭,终于挤到了码头。到了这个码头就像一半到了祖国,他们终于找到一条逃回内地的路径了。

这艘名叫什么"丸"的日本小货船实在太小了,漂在海上实在颠簸不堪。但是,在那种局势之下,他们考虑不到危险或是安全的问题。他们登上这艘小轮,离开了天津,离开了陆地,在星光黯淡的夜里,殷海光站在船上眺望茫茫无际的大海,回想北平的那段启发心智的生活;想到如今漫天的烽火,想到眼前的局势变幻,兴起了无限的感慨。

在船上过了一天一夜,到了山东半岛北部一个原来由日本人经营的小城龙口。龙口因为中日战争发生,才由中国政府收回经营。这是一个安静而又整洁的小城,街上有许多新的房子,有各色各样的水果。这群流浪的学生先要饱餐一顿美味的水果,再找旅馆。龙口的旅馆门口都有一个伙计在招揽生意,他们边走边看,看了许多家旅馆,如果他们说这家旅舍不好,那招待旅客的伙计并不生气,也不留客,他们不说自己好,还请客人上别家旅馆去看看。这种待客的态度,是孔子故乡的特色。

几经转折,他终于回到南方,住在长江边上一个小城里,这个城叫做鄂城。在鄂城小住的时候,一天,江上突然冒起了白烟,后来才知道那是封锁长江的演习。那时南京战事失利,这种演习是为了要对付日本海军逆江而上的。那时国人对马当要塞深寄厚望,以为是天险不能飞渡,但是,日军来了,毫不费力气一下子就突破。日本空军飞机,时常从下游飞向当时抗日战争的指挥中心武汉,有时低空掠过鄂城一带,这说明战事快逼进武汉了。在鄂城听到局势日渐恶化,殷海光决定要到后方的昆明去求学。这次远行,他同样没有钱,他的姐姐送他五十元,他的父亲对他的远行也犹豫不决了。留或不留这个孩子都不是办法,只好给他极少的一点零用钱,先让他到武昌再说。那时,长江南岸新筑的汽车路从南昌向沿江城镇延伸,他就在矮小的鄂城城墙外面搭乘汽车,到武昌去。那是一次黯然的分离。漫天烽火,此去何日重聚?他们只能把一切交给不可知的未来,让岁月和命运安排一切。他父亲却登上了城墙,表情凄凉,对慢慢在消逝的汽车挥手。想不到!这一次分别,竟有八年,更想不到,这一次分别,中国竟发生了这么大的历史性的变化。

他到了武昌，住在三一小学伯父家里，一住半年。他在那里写信给昆明的金先生，金先生回信鼓励他去昆明，并且说抗战是要打下去的。于是，他决定只身前去昆明，追随金先生。这一决定，影响了他的一生。

五、向后方流

1938 年，殷海光由汉口搭一只小船，经过洞庭湖。船到洞庭湖，停泊在湖畔，那是一个有星星的夜晚。

正是："波渺渺，柳依依。孤村芳草远，斜日杏花飞，江南春尽离肠断，蘋满汀洲人未归。"（寇准《江南春》）

有一只小船远远地、缓缓地划来。船上打着灯笼，由远而近，在火轮上的人都惊惶得乱成一团。有人说是强盗船。到底是什么船呢？船没靠近，先听到叫卖的声音，原来是一只卖点心的小船。小船靠近，卖莲蓬、酒、辣子肉……。惊惶变成笑声。好酒对星星光照下的名湖，有人就开怀畅饮。殷海光不善饮酒，他买些点心，想起张孝祥这位南宋词人的一首《念奴娇·过洞庭》：

> 洞庭青草，近中秋，更无一点风色，玉界琼田三万顷，着我扁舟一叶。素月分辉，明河共影，表里俱澄澈。悠然心会，妙处难与君说。　　应念岭海经年，孤光自照，肝肺皆冰雪。短发萧骚襟袖冷，稳泛沧浪空阔。尽吸西江，细斟北斗，万象为宾客。扣舷独啸，不知今夕何夕。

他到达湖南，又在公路上挤进汽车，向云贵高原走去。这条路口，东南来的难民像一条河似的向西流。让我们看一看《西潮》对于那时上海、武汉、湖南的形势这一段史实的描写：

> 在长沙我们不断有上海战事的消息。国军以血肉之躯抵御日军的火海和弹雨，使敌人无法越过国军防线达三月之久。后来国军为避免继续作无谓的牺牲，终于撤出上海。敌军接着包围南京，首都人民开始全面撤退，千千万万的人沿公路涌至长沙。卡车、轿车成群结队到达，长沙忽然之间挤满了难民。从南京撤出的政府部会，有的迁至长沙，有的则迁到汉口。

> 日军不久进入南京……。新年里，日军溯江进逼南昌、中国军队结集在汉口附近，日军则似有进窥长沙模样。湖南省会已随时有受到敌人攻击的危险。……

在常德，他住在教会里，遇见由武昌来的熟人，在那种兵荒马乱的岁月，格外显得亲切。后来一起向贵阳进发。到了园林，看见一个十八九岁的女教师，率领着一群小学生，有的小到八九岁，向内地流亡。他们唱着歌谣，慢慢地走在崎岖不平的土路上，那歌声象征一个民族的苦难。

流亡时，在贵阳遇到洪谦，他是一位德国留学生，要到西南联大去教书。在云南和贵州交界的地方，好像是经过德法两国的边界一样，云南士兵要旅客下车检查，对旅客盘问一些问题。最后放行的时候还对这批难民说："你们要注意呀！"也没说要注意些什么。

到了昆明，他住在流亡学生团，准备考试入学。

六、像诗篇又像论文的日子

1938 年秋天,殷海光终于进入他向往的西南联合大学哲学系读书。从此以后,他在西南联大整整度过七年漫长的岁月。回忆西南联大的生活,殷海光常带着忆念,带着兴奋,也带着已逝的惆怅。

当时西南联大哲学系教授的阵容是这样的:讲经验哲学的有金岳霖,教中国哲学有冯友兰,教数学逻辑有沈有鼎和王宪钧,教黑格尔的有贺麟,教中国佛学的有汤用彤。

开学以后,他选郑昕的哲学概论,郑先生是德国留学生,对康德有很深刻的研究。他在学生堆中发现殷海光也在听他的哲学概论,就对殷海光说:"你不用上我的课,下去自己看书就好了。"殷海光照他的话做。到学期考试,殷海光的哲学概论得最高分。他又选了金先生的基本逻辑,金先生看见他来上课,对他说:"我的课你不必上了,王宪钧先生刚刚从奥国回来,他讲的一定比我好,你去听他的吧!"结果殷海光去听王宪钧的课。他们上课不上课都非常自由,这种情形,不是我们今日所能想象的。

哲学系每两个礼拜有一次讨论会,哲学系的老师和有兴趣的学生都可以参加。老师上台讲话,学生也可以上台讲话。研究黑格尔的贺麟教授有一天讲了一个叫"论超时空"的题目,贺先生讲了半天,金岳霖先生起立发问,他问贺,什么叫时? 什么叫空?怎么个超法? 贺答他的问题,答了半天也没说清楚,最后,金先生起立说:"对不起!"戴上帽子就走了。金先生认为贺的物理学不行,时空的问题根本搞不清楚,再说,也不过是搬弄几个空名词,耍字游戏而已,所以就很礼貌地离开还没有结束的讨论会了。这儿,在学问面前,没有敷衍,也没有人情。

在西南联大的学生活动中,壁报、演话剧和演讲是很多的。当时学生的成分有左倾有右倾,也有中立的,所以活动多带有政治色彩。在这里,讲现实,趋附权势的人是抬不起头的。对国家社会的前途怀着一种强烈希望的一般青年大多向左转或者开始向左转。这里,我们仿佛看到激变里的中国之未来,也许,这一未来尚须在痛苦中经过许多转折,最后导出平坦吧!

当时的学生在经济上十有九人是穷困的。靠"贷金"来维持饭钱之外,零用钱自己设法找。找钱的方法五花八门:做工、家教、卖文为生,有的放午炮,甚至跑滇缅公路,做黄鱼。学生的兴趣也是五花八门:有的专爱念书,有的专好关心政治,还有一种是求田问舍,找现实利益的。但这种人成不了主流,这就是前面说的黄鱼。这黄鱼是因为自海口被日军封锁以后,通往内陆的公路只有一条滇缅公路,有汽车、货车或军车来往于云南和缅甸之间。有些学生冒了翻车的危险,穿过怒江、澜沧江、穿过惠通桥,带些日用货物,做一本万利的生意。李定一曾经做过滇缅路上的英雄,他回来时,曾赠殷海光一把钞票,殷海光像干久了的鱼得到一滴水似的。学生长期逃课是常事。

在西南联大上课的学生,爱上不上完全是自由的,即使老师正在上课,你听了一半不高兴听下去,就可以跳窗离开教室。殷海光就是其中的一个,他一听不对劲,一溜烟就跑了,一点也不含糊。学生上课爱发问,爱辩论,他是少不了的人物。到了晚上,学生纷纷到街上茶馆喝茶、聊天,或者看书,有的看妞儿,借谈学问来谈情原是年轻人的常事,在校内拉手走路的情侣司空见惯,一点也不稀奇。刚刚到云南的时候风气未开,平津的学生拉手在昆明散步,昆明的警察跑来干涉,拿出戒尺对他们喝道:"伸出手来!你们妨害风化!"起初,拉手的情侣们莫名其妙,又紧张又气愤。可是,不久,云南本地的青年男女也公开牵手散步,警察的戒尺也就不见了。

那时,唯爱情主义的人很多,为了爱情,他们编出多少可歌颂的事,令人羡慕。情侣情投意合,就在外面租房共赋同居,这是常有的事。人人觉得这种事情光明正大,对他们的爱情投以羡慕的脸色,很少认为这是"不正派"的。事隔数十年,这种唯爱主义的风气,已经散得无影无踪了。

那时的士大夫还保持着一股清高,士人保守着一些观念,他们有所不为。他们认为学术至上,爱惜清高,鼓励读书。他们对于大官实在瞧不起。在西南联大,有一天,有一位重庆的大官来演讲,他不知风色,站在台上大发议论。学生站在那儿,双手插在裤袋里,东倒西歪。对他的演讲不感兴趣,从后一排起,渐渐溜掉了。大学生以为当大学教授最好,要不也做些文化事业,从没想到要去当官,如果有的话,这在学生心目中的地位就一落千丈。如果有教授常常跑重庆,人人就觉得他有颜色了,渐渐也和他产生了距离。当然,他们对于真正有学问,有抱负,献身抗战的教授,像在军事委员会政治部做事的张荫麟先生,倒也尊敬,不过这是较少有的例外。这是受到北平一带学人独立精神的影响,那时西南联大的学生听说中央大学的教授把大官给他的名片、请帖,压在玻璃板下,向人显示他的交游和重要性,引为笑谈。这种情形,现在更是司空见惯了。

比起台湾大学来,西南联大在物质方面可怜得多。当初没有固定的校舍,只是东借一间破庙,西借一家祠堂上课,后来在西门外搭盖了一片草屋,才算有了固定的校舍。可是,草庐出奇人。杨振宁就是这里出身的,钱思亮、吴大猷、陈云屏、毛子水、樊际昌都是这里的教授;查良钊是训导长,他最关心学生们的福利问题,成天东跑西奔,为学生们想办法。学校坟地上一片草房,一部分当寝室,一部分当教室。床铺是上下铺的。"水泥"、"柏油"都是书上的名词。校舍内的路全是土筑的,天晴时,小姐先生络绎不绝,倒还可行,一到天雨,泥滑路湿,可苦了这群学人士子。有一年冬天,连续下了卅六天的雨,地面全是水,那时雨鞋雨具是稀世之宝,没有雨鞋的人,脚给泡烂了。

殷海光一到西南联大,就闹了许多趣事。他好奇,也好强,特立独行,被人目为怪物。

初到西南联大,学校旁边有两座又高又粗的无线电杆,几个同学围着看。有人说:"谁敢爬这电线杆?"殷海光大声答道:"我敢!"他果然爬上去,他说上面的风很大,震动得厉害,下面的人都笑起来。校舍附近那块坟地,同学都说夜里有鬼,忽然有人问谁敢在夜黑风高的时候到坟地之一边,殷海光说他敢,他果然从坟地回来。从此,许多同学觉得他有点与众不同。他的许多奇怪的行径使他赢得了一个绰号叫"神经病"。

跟来自战区的学生一样,殷海光很穷,但他比一般人更穷,他除了卖文为生之外,还替中央银行的一个职员补英文,月薪二百元。有一次,他去教英文,独自走过翠湖,忽然倒了下来,不省人事。可巧那边没有水，否则就淹死了，这是因为穷，营养不够的缘故。他在西南联大穿的裤子因为补得太久了，由长裤变成短裤，嘴馋起来，便把裤子卖掉吃东西。不穿袜子是常有的事。有一两次，他居然穿新袜子，同学见了，传说："殷福生穿新袜子。"他常常对人说："一年三百六十五天，有三百六十天我过着没钱的日子。"没有钱时，就在学校伙食团吃"八宝饭"，稍微有点钱，他就到凤翥街去吃回锅肉、宫保鸡丁、煮猪耳、乳饼、牛肉干粑之类的东西。更有钱呢？他到大街豪华去了。他虽穷得这样，但是，从不知节制为何事，有钱就爱上街买东西。把钱花到精光为止，连吃饭都成问题，他都不后悔，下次有钱又照花不误。这就是他的脾气。

在西南联大期间，除了金先生，沈有鼎先生是他最钦佩的一位老师。沈先生教的是数理逻辑，学问很好，为人小气，他爱写情书给女学生，随兴之所至，走笔如花，收到信的女生如获至宝，以为这位有名的教授有意于她，等她回信示意，他又寄信给第二位女生了。搞多了，大家说起来，知道沈先生写情书是即兴所发，不一定真的属意何人，而是实行柏拉图氏的恋爱。他也不管别人回不回信，根本不把这事放在心上。沈先生又以小气出名，他的钱放在随身携带的小皮箱内，有钱而又舍不得花，所以同学常常故意要他请客。殷海光找他去喝茶，吃点心，他吃得津津有味，喝完了茶，揩揩手想走的时候，殷海光说："老师，我们没钱，你有钱，请你付账吧！"

殷海光选沈先生开的维根斯坦和胡塞尔。最先，听课的有十多人，后来，剩下七八个人，最后，只剩下殷海光等两三人听沈先生的课。他的课实在讲得太深,也太好了。用德文讲义或英文,他的学问真能使人崇敬。只剩下二三个人怎么上课呢? 他们索性不在教室里上,学校后面有一个英国花园,林木参天,后有田野,左临小湖,这儿是野鸟聚合的地方。他们师生就常来谈哲学。没有教室上课的气氛,没有师生形式上的分别,他们的灵感更多了。

殷海光和沈有鼎先生有一共同之点,那就是经常不理发,有一次,六个月之久不理发。发长过耳,沈的胡子又长又脏,气味大得人未到先闻到头发味道。为什么久未理发呢? 据殷海光说,这是因为一来穷,二来没有想到这些小事上面去。他们的头发实在留得太长了,常引起旁人的注意。有一天,走过文林街,那副怪相惹得行人注视,互相耳语:"那是西南联大的沈有鼎,旁边那个瘦小的年轻人是他的学生殷福生,他们的头发好长,弄哲学的,就是这副怪模样!"有一天殷海光领到一笔稿费,碰巧又想起理发,于是跑去告诉沈先生说:"沈先生,我们六个多月没有理发了,可巧,我现在想起了这件事,我们找一家最讲究的理发厅理发如何?"沈先生同意了,两人就跑到青年会全昆明最讲究的理发厅去理发。那些理发师都是广东人,一看这两人"秀发"披肩,不禁相顾失色。他们用广东话先"丢老嘛!"一声,再说:"我们今天运气好,一早就接到好生意,这两个人的头发又硬又长又脏哟!"再来一声"丢老嘛晦!"也真巧,他们两人都不懂广东话,这几句话却偏偏懂得,师生相顾大笑不止。

花五毛钱,理完了发,好像变了一个人,走在路上,几乎没有人认得。沈、殷两人理发,变成了大学新闻。

　　离学校不远,有一条小河,云南人管它叫做盘龙江。由学校走路到这僻静的小河,要三十分钟路程。在学校洗澡难,团体生活又不讲究卫生,因此,大家身上都长满虱子。冬天太阳出来,稍微做点运动,出点汗,虱子就咬人,奇痒难熬,这真是要老命的事。殷海光看上了盘龙江,找到中文系一个又狂又懒的高个子,一起到盘龙江去洗澡。到了盘龙江,两人脱光衣服,用肥皂洗身体,洗衣服。洗好的衣服在石头上晒。人就对着清澄的水,谈人生,谈哲学、文学及天下大事。他们戏称这种事叫王猛扪虱而谈,酸溜溜!有时身上有钱,他们就带点酱肉、大饼,在那江上吃起来。坐到太阳下山,四顾苍茫的时候,他们才散步回到学校。

　　那时的青少年,生活似乎被兴趣所吸引,昆明郊外有一大观楼,在郊外大滇池旁边。那地方有平峦、荷花,湖边有小船,月影在湖中荡漾。他们几个知己的同学常在半夜三更,说要出去夜游,说走就走。月夜,走在平坦的泥路上,路边有油加里树,有麦田。风吹来,麦田在月光下像浪一般地波动。这时有露,大家望见月影更斜了。

　　抗战末期,日本飞机经常轰炸这个不设防的大学。轰炸行为显然是故意的,因为西南联大的校址在城外,附近并没有军事目标。有一次轰炸居然把学校的教室房舍炸坏了不少。以后他们就常常躲警报。躲警报有各种活动,殷海光经常和沈有鼎先生一齐跑到郊外去,在水田的小溪旁边,有双排柏树,他们常躲到那边去。其他的同学,有的听老师讲学,有的情侣借着这个机会带着爱人去谈情说爱,有的打桥牌。有时躲了七八个小时,小贩趁机出来活动,所以,在郊外可以买到花生、烧耳块之类的点心。有时,他们走得更远,躲到山脚下的小镇去了。在那个小镇,有钱的还可以吃小馆子;在松林里看书,倦了睡一个觉,在空袭里度着偷闲的生活。

在那古城,他看见可爱的落日,他们在溪上学童子军露营,烤火,吃咸板鸭和瓦罐装的蜂蜜。学生举办的郊游他偶尔也参加。有一次,团体到路南的石林去参观,据说世界上意大利的石林第一,第二就在这儿。路南这地方要经过黑白龙潭,金鼎、滇池,真江到城固。他们到路南非常费事,先坐火车,再骑马或走路,翻山越岭。那里是一座古朴的小城,他们住在紫金宫,这是一座道观。他们睡在垫着稻草的地上。他与林伯陪点着油灯在大殿中谈天,下象棋。第二天去看石林,那里有蝙蝠成群倒挂,他们点着电石火把,到达一个小山口,只有一人能出入,到洞底,有一小口,可以见到光亮。

1942 年的夏天,他结束了这个多彩多姿的大学生活。在这毕业的同年,殷海光进入哲学研究所。这个研究所在建制上不属于西南联大,而属于清华大学。在他在研究所二年多的时间中,大部分在攻读西洋知识论方面的书。

1944 年,局势已是最暗淡的时期,政府号召青年从军,殷海光怀着满腔爱国的热情,毅然投笔从戎,成为全国第一个从军的研究生。

七、不及格的士兵

抗日战争后期,军事形势逆转,云贵高原告紧。西南联大的青年们的心,在自身的安全和国家的危亡两头打滚。正在这个时候,政府成立青年军,号召青年从军救国。西南联大发动王牌教授,鼓励学生到军中去,闻一多教授就是其中之一。在一群大学生入伍前夕,学校开会欢送他们,轮到闻一多教授演说。他用他那富有磁性而低沉的声调说了许多话,最后说到高昂处,他提起嗓子道:

"各位去从军,拿枪杆,夺政权!"

他的话还没说完,电灯突然熄掉。闻一多教授在黑暗中大声说:

"混账!你们想要捣蛋,我们更要奋斗。"

殷海光在暗中纳闷:

"我们从军的目的明明是为了抗日,怎么又是'借风过河',乘机夺政权呢?"

西南联大的学生结伴到了离校舍不远的北大营,成为青年军二〇七师的士兵,在北大营开始入伍训练。

最少从民国以来,大规模的知识分子从军,这算是首开纪录。由此,政府在洋人配合这批知识青年的各种业务上,办得很卖力,入伍时发下来的军衣是灰色平布衣服,还有帆布鞋。在军官和官佐方面,选择最优秀、知识水准最高的人充任。吃的米也不再是"八宝饭"了,这是战时吃到的最好的一种米。殷海光连上的指导员,听说是一位意大利留学生,只不过不会说意大利话就是了。班长待这些大学生很好,叠被子经常由他效劳。后来,大伙儿就戏呼他为"叠被班长"。入伍训练紧张而又刺激,这批大学生所表现的动作不一定好。早晨,听到早起的号声立刻起床,在十分钟内打好绑腿,穿好衣服,漱洗完毕,然后集合,跑步,听长官训话。做完了这一套就吃早饭。

殷海光笨手笨脚，动作总比别人慢，打的绑腿尤其不高明，经常散掉，在大队跑步的时候，他常常喊"报告"，出列，再重新打好绑腿。

上午学术科都有，中午才稍微有一点时间休息，并做别的活动，刚刚开始入伍的时候，大家都觉得不惯于这种紧张的生活。尤其在军队里不能辩论，凡事只有服从。这是军队与学校的最大分别。

入伍训练不久，听说要调这批少爷兵到印度去受汽车驾驶训练，大家非常欢喜。第二年早春一月，他们调到印度的命令下达了。那天，他们由北大营步行到巫家坝。那是一个春寒料峭的早晨，三点多钟，他们草草吃了早饭，野行军到了巫家坝机场。在清点人数之后，未上飞机之前，办事人员在每个人的左臂上盖了一个蓝黑水的印戳，标明各人的号数，殷海光立刻觉得人的尊严受到侮辱，他对类似这种方式的侮辱最敏感，也最痛恶，因为他向来重视人的尊严。他认为丧失了这个，人与其他动物何异？

美军的飞机 C46 载着他们离开中国的领土，这是殷海光首次出国。飞机升空之后，远远望见太阳从地平线上慢慢地升起，替朵朵白云染上了多彩的颜色。穿过白云，又有漫无边际的白云，飞机飞过无数的山峰，又有无数的山峰，仿佛漫游在大海中。飞越澜沧江、驼峰，最后，在那天下午，到达印度的阿桑姆斯，下机以后，耳朵被震得几乎失灵。

他们由一个少校率领，鱼贯步出机场，这位军官开始向他们训话：

"我们现在到了外国,处处要保持一个大国国民的风度,要保持国家的尊严。不要随地吐痰。……"

这批大学生听了有些不好受,心想,谁不知道这套起码的生活上的规矩呢?何必多费这番口舌呢?

在机场搭上汽车,他们被送到雷多。雷多是一片沙地,上面长满了菩提树,那里有一座第一次世界大战监禁德国、意大利战俘的营房,在那座房子里,这批来自中国的士兵们住了下来。沙漠加上茫茫一片的丛林,使人置身其间有绝世之感。严格的汽车驾驶训练就在这里开始。

到了雷多军营的第一步工作是把每个人身上的衣服全部脱光,原来的衣服和皮鞋都不要了。为了卫生的原因,把带来的东西全放在蒸汽中蒸老半天。人人又洗了一个痛快而又彻底的澡,然后配发新的军衣,毛袜,呢绑腿,穿着瘦长而又神气的新军服。跑步似乎是中国军队的必修科。团长简立少将心血来潮时命令这批新到的士兵在炎热的丛林里跑步,他自己带头跑。士兵们穿起厚呢绑腿、毛线袜子跑,一直跑到每个人全身都是大汗才停了下来。

这批远来的士兵下机以后,每个人对异国的每一件事都感到新奇和惊讶。阿撒姆地方正处于产茶地带,附近有一望无际的红茶园。烤茶的红砖房和采茶花五色缤纷的衣服,点缀在绿叶中,衬托在远山白云里,描成一幅印度情调图。

他们在雷多扎过营。这里和印度别的地方一样,蚊虫多,蛇也多。此外,在丛林中有吃人血的蚂蝗。蚂蝗挂在树上,在草地上,或在沼泽中,干湿的地方都有。这种蚂蝗吃血最厉害,他们到雷多不久,听到一个有关蚂蝗的传说:有一个士兵在丛林中遗失了,队伍回营后,点名发觉有人失落,于是,官长派人四出寻找。第二天,这个遗失的士兵被发现在一棵树下;可是,人只剩下一堆骨头和一些衣服。雷多的猴子也多,在他们驻扎在对面的山头,有着香蕉树,每当日落黄昏,猴子叫声四起,和着虫鸣,在游子听来,交织成一曲凄凉的音乐。

他们在印度的待遇是每个月月薪十六个半卢比,领到薪水的时候,到小镇上吃华侨开的餐厅,喝英国人的汽水,买巧克力糖。

在印度可以看到美国人财力之雄厚,这是没有目击的人难以想象到的。这也使看见过的人更相信没有后方就没有前方的名言。在印度,可以见到美国军事工厂连营八十亩地,坐在汽车公路上,或者往森林里走,常常可以看到炮弹、车胎、枪弹堆积如山,那是被丢掉的,没有人拿得走,没有人再去管它。

在雷多森林住了八十多天,吃的米、蔬菜、芒果、罐头都由雷多城运来,他们的伙食是英国供给,就是少了伯他油。平日的生活除了紧张的训练之外,闲时有人打牌、下棋。殷海光因为教营长英文,所以平常不出勤务公差。因为他经常公开痛骂共产党,揭穿他们在军中行动的种种花样,左派的士兵联合起来对付他。当时大家吃的饭由大家做,他因为教营长英文,营长不许他做饭。这个把柄给左派分子抓住了。临到他去吃饭时,有人高喊:

"不做饭的人没有饭吃!"

此语一出,大家齐声附和,弄得他窘不可支。左派人多势众,他几乎吃不到饭。营长关照叫他去他那儿吃饭,才解决了这个大问题。这是他初次亲尝左派"迫害"的滋味。

他们在蓝伽的一个大规模的汽车训练场,这个大场气魄雄伟,训练他们的主要车辆是由北非调到这儿来的。他们那时的建制是属于轴重第二团,班长之类的干部则是中国人。助教年纪约有十八九岁,常对着他嚷:

"你活着干什么哟!脑筋这么笨!"

这是殷海光有生以来,第一次听到说他脑筋笨的话。

训练队的队长是哈佛大学的一位讲师,不苟言笑,大家对他敬而畏之。在训练驾驶的过程中,殷海光是第一批被刷下来的不及格的驾驶兵,他得到的评语是"愚骏"。这种被刷的士兵通常有两条路可走,第一条是送回国,第二条路是降为炊事兵伙夫。想到这两条路,殷海光枯坐营房里,为自己的前途发闷。但是,他到底没有做成伙夫。还好,同遭斥退的还有另外两个人,他总算有了"同志"。别人出场训练的时候,他们就闷在营房里谈论天下事。

毕业之后,又出步兵操,那种机械式的生活过久了,让人觉得有些无聊。殷海光那一班多是熟人,那时一班中最高的李藻圃是班长,最矮的刘世超是副班长,殷海光倒数第二名,他们排在一起,自然也就亲密起来。

蓝伽训练结束,又调回雷多,他们在森林中住着。天长日久,跟外界几乎完全隔绝,这些少爷兵感到生活实在枯燥,他们一心只想驾车回国,度过一些单调的日子。美国终于发给他们吉普车,这批学成的驾驶兵,将要回到中国的战场服务。队长是一位美国人,车队由他率领,经由险峻的史迪威公路开回中国。那位技术熟练、经验丰富的队长,一手驾驶,一手指挥这队人马,口里嚼着口香糖,他所表现的是那么镇定,沉默,和老练。

不及格的士兵——殷海光,坐在一个十九岁的军士车上,随着车队回国。

八、从昆明高原到嘉陵江上

去国八个月之久的士兵们,回到云南滇池边的车家壁之后,就像回到自己的故乡那样兴奋。他们看到山、云、树、屋、田野,静静的湖,是那么动人遐思。车家壁距离昆明很近,他们每天回到西南联大去看望旧日的师友,看看他们住了多年的校园。那时,在内地坐公共汽车还是一件新奇有趣的事。车家壁与昆明之间已经有公共汽车可通。殷海光和其他的同学穿着印度军服回到母校去,旧日眼中破旧的土房,如今看来多么亲切。军人的生活是纯男性的生活,他们已经八个月没有看见女性了,这次回到校园,看见每个女同学都觉得很顺眼。同学们纷纷来探听他们军中生活的情形,士兵们兴高采烈地述说在军中,在印度的见闻,每一个士兵都挂着光荣的色彩。

在车家壁住了几天,不出操,不上学科,大伙儿过着悠闲的日子。8月9日的下午,忽然听到有几户人家放鞭炮的声音,顷刻之间,到处鞭炮声大作,大家争问发生了什么事情,有人跑来告诉他们说:"日本人投降了! 战争结束了!"战争真的结束了? 这天大的喜讯突如其来,整个部队欢声雷动,每一个人都在手舞足蹈,像是中了风一样,顷刻之间把八年来心头的积郁化为无比的欢乐。

在云南苦挨了漫长的七年时间,少年人变成了成熟的青年人,游子的归心似箭。第一个浮现在殷海光脑海中的念头是如何回到故乡去。应该如何回故乡呢? 他和一群同学离开了部队,回到西南联大,找同学们商量如何回故乡去。

有一个同学送给殷海光两万块钱,这笔钱可以由昆明到重庆。可是,他拿到了钱,先到昆明专卖美军用品的商店去买巧克力糖以及其他好吃的东西,把钱用掉了一大半。钱已经不够了,但不够也得走。怎样走呢! 有人介绍他搭黄鱼车。他坐在卡车的货物上面,因为没钱,那司机满脸不高兴。到了沾益,那车子丢下了他,他只好徬徨街头。最后,他和一群修机场的人住在小旅馆里。第二天又找到另外一部汽车,搭了一段,又被丢下来。他看见一个留西装头的工人,两人搭讪起来,工人知道他是西南联大的学生,不但招待他吃饭,还把行军床让出来给他睡。并且第二天介绍一部商车和一个跑江湖的朋友给他。就这样,他继续往前走。

他们到了一个繁荣的市镇,司机和商人下车,到一个大餐馆吃饭。殷海光又饿又没钱,不知如何是好。此时,那个工人介绍的跑江湖朋友拉着殷海光说:

"老弟,我们也坐上去吃吧!"

"这怎么好意思呢?"殷海光拉着那人的衣袖低声说。

"老弟,我们在外面跑,如果还讲这一套,那不就要饿死了吗? 走,我们也坐上去,管他的!"

说着,他被拉上了这桌来。坐定,他连头都不好意思抬起来,硬着头皮就胡乱吃些东西,司机和商人互相敬酒,大吃大喝,连理都不理会这两个不请自来的"客人"。这是殷海光生平唯一的一次硬着头皮吃到的酒席。

剩下的路程，他又遇见一位北大的老学长，送他三千元，招待他在家住了几天。有两个当伞兵的金陵大学的学生，人长得很帅，听说殷海光是西南联大的学生，也招待他吃住。后来，殷海光在南京金陵大学教书，这两个学生回到学校，同时做了他的学生，大家谈起这次邂逅，都觉非常好笑！

到了遵义，找到一家教会，一位牧师出来聊天，并且招待他住在家里。第二天，领着他上苗山去看苗人的生活。苗人住在深山里，纹身，以石投鸟，过着半原始的生活。他们身材矮，却满脸红光，住在不清洁的矮屋子里。第三天，牧师把他送上车，还替他买了车票。

他到了重庆以后，就找到重庆北岸黄角桠的夏家。这家的三小姐是殷海光大学时代的同班同学，她为人豪放，有男子气概，女扮男装。在昆明的时候，街上有男子对她们姐妹轻薄，她气势汹汹，伸手一掌打去，吓得那个男子倒退三尺。

有一次，她和殷海光在文林街碰见了，她走路很吃力的样子，说脚太肥了，鞋太小了；殷海光说我的脚太瘦了，鞋嫌大了。"那么正好，"她说，"我们何妨换一下？"他们就当街换鞋。她是联大各路英雄中，很特殊的一个人。

夏老先生是步兵专科学校的毕业生，官拜中将，他为人善良而又好客，殷海光在他们家里受到殷勤招待，真是宾至如归。夏老先生后来成为殷海光的老丈人，他们夏家的四小姐成为今天的殷太太，那时夏家四小姐还只是一个初中的学生。夏家后来搬到汉口，再搬南京，又回到汉口，大陆鼎革前，四小姐由广州与南京的殷海光取得联络,后来到了台湾,台大毕业之后,与殷海光结婚。

殷海光到了重庆之后,并没有买舟南下,却在重庆江北的一家出版社当编辑,也搬到江北,在那里开始他的编辑生活。他这个编辑很特别:不签到,不坐办公厅,兴致来了,游山玩水,嘉陵江畔常有他的游踪。后来王云慕名造访,他就搬到一个洋楼上,和王云夫妇一起住。他开始读罗素的《怀疑论集》,他们有时谈得投机,就到附近乡间路边一棵大树旁小酒店吃炒鳝,喝橘酒,过着无拘无束的生活。

抗日战争结束了,外省人大都回故乡了,长江北岸的这个小镇十室九空,显得好清寂,好凄凉,他常在林木深处的小径上独自徘徊,浸沉在寂寞的深思里。渐渐地,大家都走光了,他连吃饭也困难,这年 10 月 26 日,他就买舟东下。

这是他人生新的旅程的开始。

九、金陵回忆

中日战争开始的时候,北方的难民往西南一带迁移。战争结束,西南的人口又流向华中、华北、东北。这是战争带来的人口的大播迁。战争已经结束了快要一年,但是,当殷海光买舟南下的时候,在重庆的船只还被各机关订光。后来找到一条小船,船主在舱位上画好了白线,每个人的宽度只有一英尺,每位客人真像沙丁鱼似的塞在里面,一个人要翻身,便会影响大家。因为船太小,风稍微大一点,或遇见急流险滩,船身歪得连船的肚皮都可以看清楚。穿过三峡的时候,河道曲折,西岸峭壁如刃,隐天蔽日,中国人从前不太注重交通,陆路上有"老爷车",殷海光所乘的这条船堪称"老爷船"。殷海光从重庆到汉口整整乘了二十一天的船,船上没法子洗澡,因此他二十一天没有洗澡。抵达汉口时,他的第一件大事就是到澡堂去洗澡,洗完澡,他好像再生了一次。

船到宜昌以后,才算顺流而下,每到一个小城都停船。在四川一带很难吃到鱼,东南来的人喜欢吃鱼,他们在四川一带困了八年,少吃到鱼,一到长江边,他们看到鲜活的鱼,嘴就馋起来,船一靠岸,纷纷上馆子吃鱼。

慢慢吞吞,他终于到了南京。对他而言,南京是个陌生的地方,到南京做什么?殷海光自己也不知道。人,就像一只海鸟,有了翅膀就要飞,飞到哪儿就到哪儿。

到南京的第一夜,他住在一个熟人家里。第二天在离玄武湖不远的巷子里找到五席大小的房间,后来姓温的一个青年来和他住在一起。这么一个斗室,放两张床,一个小桌,两个小书架,殷海光就在这种环境中从事写作。

那时国内的学界隐隐然有北方学派和南方学派的分别。殷海光是北方学派出身的,他对于设在南方的中央大学没有什么印象。中央大学是南方学派的重镇,他在南京找不到事情做,中央大学也不会要他,唯一可走的路子,只有卖文为生。他成为许多摇笔杆,爬格子的文人中的一员。

这位卖文为生的青年既无地盘,也没有熟人,靠他在西南联大的训练和重庆当编辑的一些经验,单人独马在南京打天下。他经常在饥饿的边缘。愈窘困,他就愈卖力,生活的鞭子逼着他埋头窗下。

那位姓温的同学是一位公子哥儿,不事生产,讲究衣着,不会操劳,但性好活动。殷海光厌恶活动,也不会活动,但他却十分刻苦。每天清晨起床,先起炉子,他煮爱喝的咖啡,然后读书,写作。每天的生活都很规律。他们定好一个契约,写好的文章由温姓同学去卖,得到的稿费,殷拿三分之二,温拿三分之一。姓温的青年觉得这种交易很公道。这位青年常常是等殷海光生好炉子以后才起床。起床之后就到外面活动,往报社或杂志社推销殷海光写的文章。他们两人虽然这么穷,可是格调又那么高。他们穷时,只啃冷馒头,可是稿费来时,却把穷境忘到九霄云外,他们第一件事是吃馆子。这种习气,殷海光一直延续到来台结婚成家以后才戒掉。殷海光没有嗜好,也不讲究衣着,可是除了喜欢吃以外,他喜欢喝咖啡,不但要喝,而且要喝好咖啡。他爱咖啡的习惯一直保持到现在。可是,他根本是一个穷教书人,没有充裕的钱买。他的学生知道他有这个嗜好,常买咖啡赠送这位老师。你跟他谈天,如若他起身煮咖啡给你喝,那就是他高兴的表示。

在南京卖文为生的日子也够刺激的。清晨起来看报,看自己的文章有没有被登出来,寻找的那一刻,心情非常紧张。登出来,心中暗暗高兴,有时喜形于色;如若没有刊出,就怀着一颗失望的心回去。稿费在这么艰苦中得到,送稿费的工人还要剥削文人,比方说送五百元给写稿人,工人要扣掉五十元。“人吃人”本来到处都有,现在吃到穷文人头上来了。

这种生活过了几个月,殷海光生活改变的日子终于来了。他被一个识货的人延揽到一家大报去担任撰写工作。这真是平地一声雷。他由五个塌塌米的小房间,搬到一座大建筑物的三层楼上的一间大房去住。

　　然而殷海光是一个自由鸟。他的心灵不受任何拘束,他还是憧憬着过教书生活。他固然要生活,但他更要真理,为了自由和真理,金钱同名位打不动他的心。在这家大报撰稿的工作究竟不能不受到一些拘束。于是,他直接找金陵大学文学院的负责人,说明他想要到金陵大学来教书,那位负责人要看他的著作,他就把著作送给他看,结果,他被聘为讲师,教哲学概论和逻辑课,后来担任副教授。金陵大学有幽静的校园,古木参天,绿草如茵,校舍的建筑代表一个古老的教会大学的风格。如果拿这个学校和北大、清华相比,也许它不如北大的学术水准,但是,它有一种真实和安稳的气息,学生也比较活泼开朗。

　　年轻的殷海光在金陵大学教书的时候,就表现了他特具的吸引力,很快就成为受欢迎的人物。当冬天的阳光照在草地上时,在教室里,他说:“我们为什么不到大自然界去?”一群学生立刻起来,随他奔跑到草地上去,坐在一块,围着他听他讲学。

　　后来,徐蚌一带作战,形势万变,人心惶惶,不可终日,中央大学、政治大学和金陵大学三校副教授以上的人在金陵大学的礼堂开会,讨论救国的办法。会中有人提议这个会必须有个名称,有人主张叫“南京中国教授救国会”。但是,有人反对。一个学国文的教授说这个名词不对,他说:“兄弟是学国文的,觉得这个会应该叫做‘中国南京教授救国会’。”为了这点小事,双方展开辩论,足足辩了两个小时,但是毫无结论。殷海光坐在一个角落里静静地听着,这才真正是“宋人议未决,而金人已渡河矣”啊!

　　淮海战役正在紧急的时候,殷海光以南京某大报主笔及金陵大学副教授的身份到前线为作战的将士打气。他这股傻劲很得到人们的钦佩和鼓励。那时他住在南京新街口,整天见到的是灯红酒绿,六朝金粉的盛况。这次离开都市,他亲自目睹这场战争的惨烈,也体会到中国人民的苦难以及士兵生活的艰苦。一场长期的对外战争刚刚结束,另外一场对内的战事又起。殷海光沿途所见,使他深受刺激,他的思想也开始有了新的调整。

他离开南京的时候,在下关见到形形色色的江北人拿着几只鸡到下关来,预备换点东西。过了长江,在津浦路的调车厂看不到工人的影子。烟筒也不冒烟了,无限凄凉。江北的难民坐在弓形的棚下,缓缓地抽着旱烟斗,仿佛是向他们的命运作无言的抗议。是谁使他们饱受战火的洗劫,是谁使他们颠沛流离,沦落异乡?

淮海战役结束以后,主要战场南移。共产党的军队由安庆芜湖渡江而来,南京附近已经有了游击战,局势一天比一天更为动荡。南京开始乱了,许多人在打主意离开这六朝金粉的所在,纷纷变卖带不走的东西。齐白石和傅濡的字画,家具、古玩充斥街头。他一个单身汉,倒不那么恐惧,为着好奇,他随手买了几样纪念品。

南京的秩序更乱了,蔬菜、水果、粮食的供应愈来愈缺乏,街上发生抢粮食的事件,警察开枪制止,秩序大乱。在这种情形之下,殷海光也没有东西可吃,他自己上街找东西,可巧,碰到有人挑了一担芋头,他如获至宝,买回来煮着吃。他从新街口住所的三楼往下面看,街头到处都是散兵游勇,日落以后,到处一片凄凉。

在南京的那家大报已经计划搬到台湾来。一位大员含着泪对殷海光说:"局势已经这样,我们只好先到台湾去搭一脚,以后再说。"神情非常凄怆。这样的话深深打动了殷海光的心,他决定和这家大报共同搬到台湾来。

另外一个原因也促使殷海光选择了台湾:在南京失守之前,国民党发表一个"上海宣言",强调他们要联合自由主义者,共同反共。这也决定了殷海光的选择。他想,在这样的大失败之后,也许正是国民党大反省和彻底改变作风的时候。他是自由主义者,他永远追求他的理想,没有比自由更吸引他,也没有比"上海宣言"更能迎合他的胃口。他来到台湾。

十、飘过海来到台大

1949 年 6 月 3 日,经过长途的航海,殷海光怀着兴奋的心情到达台湾的基隆港。当他所搭的中兴轮慢慢地驶进港口,他由船上眺望基隆的第一印象是这个港市小而落后。下船以后,他在码头上遇见七十二烈士的唯一生还者莫纪彭老先生。莫老劈头第一句话对他说:"殷海光! 你不来看我,混蛋!"这是他一上岸听到的欢迎词。莫老和殷海光是在南京认识的,他为人粗豪,直率,非常真诚。后来殷海光真的一直没有机会看见他。

殷海光来台之后,住在天母一座日本人留下来的仓库里。由住的地方进城须要四十分钟的路程。他在那里读书写作,清晨和傍晚在田野散步,有时漫步到士林街上,买点香蕉吃。闲来没事就和友人谈天、下棋,那段日子的确享了一点清福。

那时的天母居民很少,除了零星的农舍,没有什么像样的建筑物,小花遍野,绿草如茵,葱翠的山峦静静地躺在白云朵朵的天空下,田野里渠沟处处,汩汩地流着清澈照人的溪水。在殷海光的印象中,当时台湾的社会安定而宁静,人民生活朴素又守秩序。街道整洁,一片农野景象,但是文化相当落后,一般人民的知识也相当差。他由烽火连天的大陆,初到这个安静的地方,觉得这是海外的一个乐土。

这时,他除了担任南京迁台的那家大报的主笔外,还兼任《联合报》前身的《民族报》总主笔。他用尖锐而深厚的一支笔加上敏锐细密的大脑,而影响着报界的舆论。他年轻又干练,才气横溢,那时真是锋芒毕露。可是他为人处世实在太硬,太不讲究技巧。他采用稿子的标准又是认货不认人,一点情面都不讲。因此,常得罪那些爱拉关系讲面子的人,他们认为他目中无人。后来"大撤退"之后,大批文人涌到台湾,叶青和张铁君等人也在报上写文章,殷海光对他们的稿子稍加修改,引起这批自认老牌文人的不满,报社又因他不会耍手腕,不通人情而排挤他。于是,有五六家报纸攻击他,用大号字登在报上,写他是"别字主笔""狂妄""骄傲""夜郎自大"……这是他第一次受到的大围剿。殷海光对这些骂他的文章很少看,有人告诉他文章的内容,他也只是笑笑而已。不过,那时骂人还守些分寸,不像今天骂人的人多半是扣帽子,拿泰山压顶的名词来泄私人的恨。甚至这种风气已经传到读书人迫害读书人来,社会正义之沦丧,道德之堕落,更是日甚一日了。

经过这次大失败,大撤退,渡海来台之后,殷海光满以为一定有一番新气象,新格局,没想到一切依然故我,陈腔滥调,遇事敷衍,他自觉此行是抱着一种理想,如果这样下去,他看不出生机何在！他既不能扭转风气,他又不肯流俗,于是决心放弃这份工作,预备回到教育界去。他先辞掉这份工作,再预备去谋教职。他的朋友戴杜衡为人比较世故,处事比较温和,认为办事不能这样决绝,万一两头落空怎么办?他说这是表示决心。他不顾一切,辞去报社职务,要走进学校,从事学术工作。

那年 8 月,他只身来到台大,他穿一件夹克,模样看来像个刚进大学的学生。他走到台湾大学的校长室找傅斯年。他直接了当告诉傅斯年说他想要到这个学校来教书。傅斯年先和他谈,后来告诉他说学校是需要一个教逻辑的老师,问他过去教书的经历,他说他在南京金陵大学当过副教授,傅斯年不承认他的资格,要他由讲师做起。他说:"好吧!做讲师就做讲师。"就这样,他到台湾大学教书,一教就是十七年。

殷海光这种毅然的决定使很多人为他庆幸,也有人为他惋惜。如果他肯继续留在报界服务,名利地位皆在眼前,比一个讲师的待遇强多了。以他的文名来做这一家大报的主笔,可拿优厚的薪水,独居一栋住宅,出入也有汽车可坐,可是对于这一切的一切,他都抛弃了。那种只问现实利害,不问真理的党派气氛,使他窒息得透不过气来。有一次开编辑会议,他听到王新命还弹那种老调调,他的头几乎要爆炸了,赶快站起来,跑到走廊上纳纳凉气。这一次,他下定决心,回到学问上来。

他在台湾大学教逻辑的时候,年纪轻,教书很卖力,他拿西南联大的标准来衡量学生,学生赶得上的很少。头一个学期考试的结果,这门课就有一百零五个学生不及格。这件事引起轩然大波。家长会派代表问傅斯年校长,傅校长找到殷海光。

傅:"你打分数怎么这样苛?"

殷:"分数是照卷子给的。"

傅:"你不能太过分吧!"

殷:"我不过分,这是照卷子给的分数。"

傅:"那你根据什么标准呢?"

殷:"根据清华、北大的标准。"

傅斯年到底是讲理的人,他听到殷海光的话,也就没话可说了。然而,这件一百零五个学生不及格的事,却成为他到台大之后的第一炮,也是响亮的一炮。

那时,他住在松江路,每当考试的时候,学生知道他严格,分数还没有宣布就纷纷跑到他住的地方去看分数。他住的院子有一道矮墙,墙外都站满了人。他对这一排专为看分数而来的学生说:"凡是要看分数的人,通通向后转,立刻离开这里,要谈学问不要分数的人可以进来。殷海光的学生是不谈分数的。"他自己做学生时,视分数如烟,因此他看不起爱分数的学生。

尽管他给分数这么严,可是,他不久就成为台大最受欢迎的教师之一。他上课的风度,讲课的内容,给人呼吸到的气氛,形成对学生莫大的吸引力。他的演讲更是引人入胜,座无虚席,时常掌声不绝,听众多得甚至挤破了玻璃窗。他给人的印象是他有一股强烈的、热诚的、深刻的情感。加上他对时代的透视力、分析力和期望,还有他的那一股无形的力量、气度,抓你,震荡着你的心灵。

他平日教学生独立思想,读书人的是非不要跟着现实的权势走。他要人目光远大,不要被一时一地的思想左右你自己的看法。他实在是一个典型的自由主义者,把人当作最后的目的。

除了在学校教书外,他也可以说是台大的老学生。在知识进步日新月异的今日,他不断在充实自己!不断觉得自己不够,不断追求,他在台大旁听过陈雪屏的心理学,沈刚伯的希腊史,黄坚厚的变态心理学,也听过他的学生洪成完的数理逻辑。最使人感动的是他在《自由中国》半月刊写文章的时候,他的名气如日中天,那也是他最忙的一段岁月,潘庭洸在数学系讲组论,他整整听了一学期的课,从不缺席。无论上课的老师或是听课的学生,对于这位老学生的向学精神都感到由衷地佩服。有一次他初到一间教室去听课,那位教授见他也夹在学生群中上课,讲课讲得很不自然,学生们看到他来,也觉得惊奇,稍稍有点骚动。他转过头来对同在听课的学生说:"我是一个老学生嘛!"同学报以欣然的一笑,冲淡了紧张的空气。

他的独生女文丽长得灵慧可爱,真是他们夫妇的掌上明珠。当她六七岁的时候,早上跟着她的父亲去上课,她小小的模样坐在教室的最前排,很认真地听他父亲讲书,她的父亲写黑板,她也认真地在自己的小笔记本上写笔记,态度那么认真,又那么自然。下课以后,父女拉着手走回家去。这一副父女上课的情景,留给台大的学生们深刻的印象。

（鼓应按:殷老师四十八岁得胃癌,五十岁去世。这个传记,只记了他三十来岁以前的事迹,我们没有能够读到他在台湾这十几个年头的生活记述,很可惜。）

殷海光先生晚年纪事年表
（1966—1969）[①]

陈鼓应

1966 年

1 月

《中国文化的展望》一书由文星书店出版。同年,文星书店被迫关张。

---

① 本年表在编辑过程中,主要参考了《殷海光全集（19）·殷海光林毓生书信录》（殷海光、林毓生著,台北:台大出版中心,2010 年）与《殷海光全集（20）·殷海光书信录》（殷海光著,潘光哲编,台北:台大出版中心,2011 年）中的相关书信,以及《炼狱——殷海光评传》（王中江著,北京:群言出版社,2003 年）与《殷海光与近代中国自由主义》（何卓恩著,上海:上海三联书店,2004 年）中的附录部分,以及《殷海光学记》（贺照田编选,上海:上海三联书店,2004 年）,特此说明。北京大学中文系博士生李浴洋提供了大量帮助,谨致谢忱。

14 日,在致韦政通的信中说:"书生处此寂天寞地之中,众醉而独醒,内心常有一阵一阵莫可名状之凄寒。寂寞之长途旅人,甚愿见路边之烟火人家,灵魂有个慰藉的小茶店。喝口热茶,暖暖心头,打起精神,重新走上征程,或可发现一个新境界于迷茫之外也。"(《殷海光书信录》,第 65 页)

同日,在致陈鼓应的信中说:"内心有难以言状的凄凉。幸得二三知己,稍感慰藉。人和人内心深处相通,始觉共同存在。人海苍茫,但愿有心肝的人多多互相温暖也。"(《殷海光书信录》,第 291 页)

孤寂心境的抒发,是殷海光晚年书信的重要主题。

2 月

16 日,在致陈平景的信中说:"有些人把我看成胡适一流的人。早年的胡适确有些光辉。晚年的胡适简直沉沦为一个世俗的人了。他生怕大家不再捧他,唯恐忤逆现实的权势,思想则步步向后溜。"(《殷海光书信录》,第 287 页)

3 月

16 日,在致台湾大学哲学系主任洪耀勋的信中说:"论新陈代谢,本系情形实在欠佳。下一代的人似乎并不一定都比上一代的人优秀。这种光景,像我这样不上不下的人看在眼里,内心实在难过。在此时此地,要说能把哲学系办得够上国际水平,当然是唱高调;但是,最低限度,在选取师资时,必须以有追求真理的热忱和致力学问的诚意作条件。然而,就我默察,哲学系选人距离这一标准好像越来越远。有的人并非对所教的课程有丝毫把握及低度兴趣,而这种人之所以百般欲进台大者,明明白白是要利用台大招牌以满足虚荣,以提高地位,而惑世沽名。有的人对中国哲学并没有作学问上的努力,而只是藉机创教,自作教主。类此情形,早已腾笑校内外。……

"本地老辈即将萎谢,新辈不够健全。脱节瘫痪现象,已灼然可见。这种结果是十六七年来种种因素积渐形成的。这样下去,如不整顿,不认真慎选师资,那么不出五年,哲学系的光景将不堪设想。将来受害者无疑多为本地青年。办理行政者,对此似应负有较多责任也。"(《殷海光书信录》,第48—49页)

此信最后,还有陈鼓应、刘福增、王晓波与陈平景等人的签名。

4月

在政治大学做题为"人生的意义"的演讲。

5月

拒绝在《给美国人民的一封公开信》上签名。此信系台湾当局为测试知识分子的忠诚度而策划。

胡秋原在《中华杂志》上发表《为学术诈欺告各有关方面——论不可误人子弟及要有一个师道尊严运动》,攻击殷海光。此前,胡秋原已经先后发表了《评两本错乱欺人的书(一、〈逻辑新引〉)》(《中华杂志》1965年8月)与《评殷海光另一本更错乱诈欺的书〈思想与方法〉》(《中华杂志》1965年10月、11月、12月与1966年1月、2月、3月、4月连载)两篇文章。

6月

胡秋原致信台湾大学校长钱思亮,提出二十五个问题,要求殷海光答复,否则视其为"不学无术、误人子弟",认为应停止其授课资格,或者改任职员。

此前,在二十世纪六十年代初期,台湾"教育部长"张其昀在国民党"中常会"上向王世杰发难,认为殷海光不能申请"国科会"(全称"国家长期发展科学委员会")的项目资助,得到蒋介石的支持。王世杰希望殷海光主动撤销申请。殷海光旋即去函"国科会",声明撤销。"国科会"的项目资助为殷海光重要的经济来源,其生活自此出现困难。

7 月

殷宅(温州街 18 巷)开始受到监视。

《中国文化的展望》一书被台湾当局以"反对传统文化精神,破坏伦常观念,足以淆乱视听,影响民心士气,违反台湾省《戒严期间新闻纸杂志图书管制办法》第二条第六款之规定,依同办法第七条之规定,应予查禁并扣押其出版品"的罪名查禁。

8 月

台湾当局以聘请殷海光出任"教育部教育研究委员会委员"的名义,试图将其调离台大。殷海光首先从洪耀勋处得知这一消息。不久,安全人员将他从家中带往警备总部,威胁他接受聘书,被他断然拒绝。

此后,安全人员再至殷宅,要求殷海光与台大断绝关系。殷海光与校长钱思亮面谈后,双方商定他是年仍为台大教授,但停止授课,到次年 7 月即不再续聘,自动终止与台大的关系。

15 日,在致徐传礼的信中说:"自由之实现是要付出代价的。在这太阳被乌云遮蔽的时代,我之身受,正是为自由所付出的代价。也许还得再付出哩!"(《殷海光书信录》,第 92 页)

9 月

安全人员三至殷宅,要求殷海光接受"教育部教育研究委员会"的聘书。殷海光大怒,予以痛斥。同月,安全人员阻止其外出参加海耶克来台座谈会。

10 月

15 日,在致屈莱果的信中说:"关于我最近发生的不幸,并非三言两语所能清楚形容和分析的。这件事本身是值得研究中国问题的学者(sinologists)去弄弄的个案,研究的主题。……

"我被迫离开台湾大学不是起因于一个低级官员的偶然行动,而是国民党经过长时间的考虑,阴谋对待异端的结果。……

"今年夏天,一份一千四百多名文化工作者抗议'美国的共党姑息分子'的宣言匿名地出现,没有人知道它是哪儿来的。……国民党通过签名者和拒绝签名者名单,可得知谁拥护它,谁不拥护它。文化工作者如果拒绝签名,似乎都会面临可能被怀疑为'不忠'或失去工作的后果。……作为一个自由人,我率直地表示我对这个准共产主义伎俩(quasi-communist trick)的憎恶感觉,拒绝签名,于是引燃了爆发点。我实际上被台湾大学免职。事实上,台湾在这个秋天发生了一系列的清算事件,我的一群学生静静地被免去在学校里的职位,而我是第一个被开刀的。"(《殷海光书信录》,第 187—189 页)

在"清算殷党"事件中,陈鼓应、刘福增与张尚德,分别被文化大学、东海大学与政工干校解聘。

12 月

撰写《我被迫离开台湾大学的经过》一文。

从是年起,殷海光的晚年都在威权政治的高压之下度过。本月1日,他在致林毓生的信中说:"你知道我在这个岛上是岛中之岛。'五四'以来的自由知识分子,自胡适以降,像风卷残云似地,消失在天边。我从来没有看见中国的知识分子像这样苍白失血,目无神光。他们的亡失,他们的衰颓,和当年比较起来,前后判若两种人。在这样的氛围里,怀抱自己的想法的人之陷于孤独,毋宁是时代的写照。生存在这样的社群里,如果一个人尚有大脑,便是他的不幸之源啊!"(《殷海光林毓生书信录》,第160页)

1967 年

1 月

3日,在致胡越(司马长风)的信中说:"光的困境之造成,与台湾大学无关;而系若干文字警察所制造的空气,被校外特殊势力利用作为烟幕,强迫光脱离台湾大学所致。现在,此间任何文教机构,一提起'殷—海—光'三字都神经紧张起来。所以,光如坐围城,且无地容身,实际的低度生活也日渐困窘。"他特地提醒身在香港的胡越,不宜将他在信中的言论直接示人,因为"港地复杂,而我已如笼中鸡也"。(《殷海光书信录》,第50、54页)

10日,在致许冠三的信中,殷海光重申:"我的近况,实在和台大无关,更和钱校长无关。……我像一只笼中鸟,眼看着笼外自由鸟振翅高飞,心中好不烦闷。其实,我的翅膀跟他们一样健,为什么我不能也飞? 近三四年来,特别自我被迫离职的半年来,我为了'奔向自由',作过相当的努力,可是迄今毫无收获。"(《殷海光书信录》,第 104 页)

所谓"奔向自由",是指离开台大以后,出于学术理想与现实生计两方面的考虑,殷海光一直谋求赴美任教的机会。

2 月

22 日,在致陈鼓应的信中说:"我希望在最近的将来,能为存在主义而努力。"(《殷海光书信录》,第 193 页)

3 月

1 日,在致许冠三的信中说:"中国近数十年来,所有政治言论,除了作主张以外,就是发党见。……我们必须远离这些乌烟瘴气,才能真正认清时代,创建新的观念思想,构造新的价值系统,为今后的中国人民指出可行的新方向。"(《殷海光书信录》,第 107 页)

8 日,在致张灏的信中说:"我是一个特别爱想的人。近年来,我常常要找个最适当的名词来名谓自己在中国这一激荡时代所扮演的脚色。最近,我终于找到了。我自封为' a post May-fourthian'('五四'后期人物)这种人,being ruggedly individualistic(坚持特立独行),不属于任何团体,任何团体也不要他。……于是,在这一时代,他像断了线的风筝。这种人,注定了要孤独的。……

"真不知哪儿来的勇气和顽强。一切狂风都吹不散我心头的那点追求自由的理想和肯定的人理价值。正因这样,我不仅变成一个生活的孤岛,而且是一个价值的孤岛,以及一个感情的孤岛。……我常常在近来想,我这二十多年来的生命历程,正好象征着'五四'后期自由知识分子的悲剧。"(《殷海光书信录》,第271—272 页)

10 日,在陈平景等人陪同下,赴台南游览。回台北后,食欲不振。

4 月

入宏恩医院检查,确诊为胃癌,立下遗嘱。月底,转入台大医院就诊。

5 月

1 日,在台大医院进行手术,胃切除三分之二。15 日出院。此后以居家休养为主,很少出门。

6 月

罗业宏在《明报周刊》第十八期上发表《胡秋原对殷海光的诬评——评胡著〈逻辑实证论与语意学及殷海光之诈欺〉》,为殷海光辩诬。

罗业宏在文中说:"胡书用了十几万字来谩骂殷氏甲乙二书,无非是要用来支持胡氏给殷氏罗织出来的两个罪名:(一)殷氏二书'句句不通','在学问上乱扯乱说',是一种'学术诈欺';(二)殷氏是台湾一个'阴谋卖国集团'的'学术领袖',并且和一个'国际阴谋集团'(指哈佛教授费正清等)勾结。……

"殷氏二书的内容有没有错误的地方呢？当然是有的,而且其中有些错误也给胡氏指出来了。……但是,一本书的内容有错误并不一定是一种天大的罪过。我们记得哈佛大学的逻辑教授Quine 先生那本 *Mathematical Logic* 出版后不久就被人指出其内容有自相矛盾的地方。矛盾虽是逻辑上的大忌,但这位教授并未因此而被人写十几万字谩骂一番,他的人格和学术地位并未因此而动摇,而且那本逻辑著作稍经修订后依旧是学界公认的权威作品。……

"如果胡氏在逻辑上哲学上有相当修养,纯粹从学术上的立场对殷氏二书加以评论,自然是一件好事。但是胡氏既没有足够的语文根底,又没有冷静的头脑,一味从自己的成见出发来读殷氏的书,存心要挑毛病,其结果为谬误百出,自是意料中事。胡氏承认自己不是学逻辑的,只因一九六二年被殷氏两个学生的文字所攻击,胡氏一口咬定殷氏为幕后主持人,然后逐渐读了殷氏的书,最后才发现了殷氏的'罪行',觉得他有非'揭发'不可的'责任'。他曾写公开信给台湾大学,要求校方停止殷氏授课,又写公开信给教育部,说殷氏接受国家长期发展科学委员会的补助'无非是浪费国家金钱'。现在,殷氏已被迫放弃国家长期发展科学委员会的补助,并已被迫脱离台湾大学了,胡氏的要求已经实现,他得到了什么好处呢?"(贺照田编选:《殷海光学记》,第480—481 页)

7 月

收到台大续任聘书,但仍不准授课。殷海光决定退回,被徐复观劝阻。

28 日,在致徐复观的信中说:"为了顾全大体及可怜的学术尊严,我没有退还台大的聘书,但在我未离台之前是不会应聘的。总而言之,我在台湾教书为业的事是得告一段落了。我之所以迄今坚持这种态度,非与何人等争意气,意气只像煤烟。我主要系为中国知识分子保持一点残余的尊严。三十余年来,由于战乱频作,播迁失所,经济破产,技术的身价抬头,诸势力集团的操纵利用,中国知识分子的尊严本已江河日下;而知识分子之间不自觉地互相煮煎,使江河日下的地位更形江河日下。每一念及,光颇感伤! 今日之事,首须知识分子从这一泥沼里主动地超拔出来,并生相互矜惜之心。"(《殷海光书信录》,第 85 页)

8 月

在陈鼓应的安排下,往台中大度山访徐复观。

行前,在 7 月 28 日致信徐复观说:"我想和鼓应同行。对于现代这种烦杂生活,我愈感难以适应。相形之下,我已成一乡下佬了,所以请鼓应带领。"(《殷海光书信录》,第 86 页)

归来后,在致信徐复观的信中说:"可能有一天,在真理之前,中、西、古、今的隔格,变得全无意义。古、今、中、西学术思想的整合可能逐渐实现哩!"(《殷海光书信录》,第 90 页)

20 日,又致信徐复观说:"这几晚真是月明风清。我常徘徊院内,以至深夜。有时虽听鸡声喔喔,不禁兴故乡之忆。很少人不是情感的俘虏啊!"(《殷海光书信录》,第 87 页)

9 月

7 日,在致何秀煌的信中说:"我觉得这次是我出来的最好机会。如果这次不行，又不知等到何年何月啊！所以必须尽力争取。这三个月来，我们曾多方努力，但皆无效。在这'山穷水尽'的时候，我认为只有采取联络海外知识分子写信向此间手操实力者呼吁之一途。"（《殷海光书信录》，第221页）

不过，殷海光出国事，仍旧未果。

11月

哈佛燕京学社主任裴理哲访台，前往殷宅拜访，商定在殷海光离台前，预先支付研究经费，资助其《中国近代思想史》撰写计划。

15日，在致黄展骥的信中说："这里有人以我为胡适的继承人自居而吃醋，这真是好笑！不用说等到我头发白了，就从大学二年级开始，胡适逐渐被丢在我的脑后。"（《殷海光书信录》，第299页）

12月

1日，在致林毓生的信中说："无论身在何处，工作是不能停的。《中国近代思想史》的写作，酝酿了许久，现在非动笔不可了。"（《殷海光林毓生书信录》，第187页）

在同一封信中，殷海光较为具体地谈及了自己晚年思想的变化："我一向读书，因长期受罗素及逻辑经验论的影响，偏重于读通则性质的书……久而久之，于不经意之间，我认为只有这类才算得是知识，其他不具此格的一概不算，于是轻而忽之。……我近来有机会接近一点文学著作……第一流的文学著作固然不是纯知识，但刺透人生特殊角落之深，启发想象力之激动作用，远非普遍性的知识所能及。这一比较的观察，使我了悟，我们既要把握住 generality（通性），又要抓住 particularity（殊性），才算是得到丰富的知识。"（《殷海光林毓生书信录》，第 188—189 页）

殷宅受到监视后，经常来看望殷海光的只有他的几位学生。同样是在这封信中，他说："我近来身体还算好，只可惜'独学而无友'。这里有二三学生可谈，但学力究竟差了一段，因此谈起来不够劲，也使我吃力。四十岁以上习文法科的，几乎大脑退化到跟周口店人的差不多，简直无可谈者。何以至此，说来伤惨！我除了读书、写作以外，就是在院内小水泥径上来回踱步。"他自况为"这一时代一个孤独的心灵的光景"。（《殷海光林毓生书信录》，第 189 页）

在同年致朱一鸣的信中，殷海光说："我有同胞爱，我有故乡之恋。午夜梦回，听鸡声喔喔，辄兴故乡之忆，心情凄然。我生长在中国，我在中国的动乱里成长，作为一个好思想而且有责任感的中国自由知识分子，我对于置身其中的大动乱不能不体验，不能不努力认识动乱的前因后果。为此，二十多年来，我几乎没有一天停止。

"四十年前，中国的知识分子，康、梁、谭、陈等人，对邦国大事何等有责任感，何等热心。我把他们同今日的中国一般知识分子的现状对照起来，真是有隔世之感……在大陆的怎样我还不太清楚，在台湾的许多变成了自了汉，天天公开叫嚣的则变成权势集团的播音筒，对中国的现状无知，对前途是一片迷茫的幻想。自胡适以降，他们对国事完全失去独立思考的判断力，几乎完全以权势集团的是非为是非。在海外的知识分子，大多数各人自顾各人的,只追求金钱和个人地位。俨如飘零的花,一群失散的羊,自谋生路,各不相顾。"(《殷海光书信录》,第 13—14 页)

1968 年

1 月

8 日,在致张灏的信中说:"我这半辈子追求自由,当我在院内散步,想到这里,内心有时不免些微感伤。我感到我像故乡田畔夜间扑磷火的小孩。他是的确看见了磷火,他喜爱它,他想得到它。但当努力向前扑去时,往往扑一个空。当然,这一扑向自由的'内在的动力',并不因挫折而消失。也许这正是人类文明突破性的创造力之所系,也许这正是人类值得活下去的基本理由。"(《殷海光书信录》,第 280 页)

15 日,在致张伟祥的信中说:"回忆我三十年来的生活历程,可以说是为着寻找自己的生活原理与价值观念并且依之而生活的奋斗历程。我想我毫无成就可言。唯一值得一提的,我没有被中国和世界这几年的惊涛骇浪同现实的诱惑而淹没了自我。我感觉到我的自我在种种打击中逐渐坚强并且净化起来。现在,我可以说,任何书房外的热闹不能动摇我;任何无端的侮辱不能刺激我;任何现实的利益不能把我从追求真理的路上引向别处。"(《殷海光书信录》,第 267 页)

3 月

25 日,在致卢鸿材(苍芦)的信中说:"生长在这样一个时代,像我这样的一个知识分子,可以说极有价值,也可以说极无价值。

就纯粹的学术来说,我自问相当低能,丝毫没有贡献可言。就思想努力的进程而论,我则超过胡适至少一百年,超过唐、牟至少三百年,超过钱穆至少五百年。个中的进程,我自己知道得很清楚。这些知识分子在种种幌子之下努力倒退,只有我还在前进不已。"(《殷海光书信录》,第 317 页)

4 月

10 日,在致卡根夫妇的信中说:"我的家人尚未获得到美国的通行证。这儿的官僚对我们的申请既不批准,又不否定。他们只是无限期延迟作出决定。"(《殷海光书信录》,第 180 页)

21 日,在致卢鸿材(苍芦)的信中说:"我不爱跟门外的人打交道。我安于在这个院落里读书,写作,沉思,看朝阳,望明月,独自徘徊,凝视白云舒展。我觉得我也许属于过去,或者属于未来,但不属于目前。目前的种种,跟我愈来愈疏远了。这个样子的社会,不需我这个脱节的人,我也实在没法参与这样没有灵魂的社会。然而,我并不对人类绝望。我原因为着人类的未来作思想上的努力,努力地奉献自己的心灵。"(《殷海光书信录》,第 320—321 页)

22 日,在致林毓生的信中说:"我看见有 Marjorie Grene 的 *Introduction to Existentialism*(《存在主义导论》),我也希望你一并赠我一册。我为什么也急于要读这本书? 原来老早有人说我有颇深的存在主义的时代感受,而且我的思想构成中有这一面。我对于这一点并不太自觉。"(《殷海光林毓生书信录》,第 203 页)

5 月

在陈鼓应等人陪同下赴新竹清华大学等地游览,五四当晚在青草湖畔与学生漫谈。

9日,在给林毓生的信中,殷海光记录了此次出行的感受:4日,"一觉醒来,今天就是五四了。……多年来'五四'不是被distorted(歪曲了),便是被eclipsed(蒙蔽了)。真令人浩叹。我住台湾将近二十年,几乎哪儿都没有去过。待会儿八点钟,我要同几个学生搭火车往新竹一佛学院一游,作为纪念此一属于中国知识分子的伟大节日"。5日,"昨天下午往游新竹附近的青草湖。湖水渺远,杨柳依依,荒烟蔓草,鱼跃鸥飞,野趣盎然。哎!羁台将近二十载,这是我第一次感到自由"。(《殷海光林毓生书信录》,第208—209页)

在同一封信中,殷海光谈及关于人本主义与科学两者关系的思考:"人本主义(humanism)及科学本是近代西方互相成长的一对双生子。可是,西方文明发展到了现代,科学通过技术同经济的要求,几乎完全吞灭了人本主义。时至今日,我们已经很难看到'文艺复兴人'了。我们只看见大批'组织人'、'工业人'、'经纪人',纷纷出笼。他们不是被归队于公司,就是被束缚于工厂。我们偶尔瞥见个把海耶克,彳亍于西欧的街头。大部分人的活动及个性逐渐被科学技术织成的组织之网缠住。大学也企业化,工商管理化,教师成为雇员。地球的面积为一常数,人口则不断增殖。自由所需的物理相度(physical dimension)是'广漠之野',一只加拿大狂欢鹤需有一百六十亩才能生存愉快,现代都市人住鸽子笼,谈什么自由!"(《殷海光林毓生书信录》,第205页)

12日,在致玉仁的信中说:"清华之游,给予我很多的愉快。五四跟弟等湖心夜谈,使我得到不少灵感,够人回忆的。"(《殷海

光书信录》，第 201 页）

23 日，在致周棻的信中说："我蛰居台北将近二十年，几乎哪儿也不曾去过。五月四日为了纪念'五四'，几位学生约我同游新竹清华大学，顺道一游附近的青草湖。湖光山色，荒烟蔓草，垂柳依依，白鸥悠然水上，我第一次感到我有点自由。"（《殷海光书信录》，第 234 页）

24 日，在致卢鸿材（苍芦）的信中说："我认为我过去的写作，除了文笔锋利及思想快捷以外，在内容方面距离成熟遥远得很。《中国文化的展望》那部书，在我现在看来，只能算是开风气的作品。如果我有两年时间，把那部书重写一遍，我想我可能写得较好。我常常对人说，清末以来胡适等知名人物的著作，绝大部分只有'历史的价值'，很少有'学术的价值'。我这样批评别人的著作，我自己的写作何尝不也是如此？"（《殷海光书信录》，第 330—331 页）

6 月

体重骤降，食欲不振，以为旧病复发，赴医院检查后发现虚惊一场。

7 月

同意卢鸿材在香港为其出版《海光文选》。

8 月

18 日，在致卢鸿材（苍芦）的信中说："在这样一个迷茫、纷乱而又失落的时代，心灵的相通真是稀有而又十分可贵的事。回忆我在故乡时，谈得来的人不算少。在昆明西南联合大学的岁月里,和我心灵契合的老师及同学随时可以碰见。在学校附近文林街一带的茶店里,在郊外滇池旁,在山坡松林中,常常可以看到我们的踪迹,常常可以听到我们谈东说西。现在,我回忆起来,总觉得'梦魂不到关山难'!内心说不出的想念。可是,我在台湾一住将近二十年,越住越陌生。我在台湾大学十八年了,当我在校园散步时,我实在感觉不到那儿有独特的灵魂,足以引起我梦回午夜。战后的世界,人是愈来愈多了,可是人心的距离反而愈来愈远了。我们饥渴地追求心灵,真诚的心灵。"(《殷海光书信录》,第344页)

21日,为《海光文选》作自叙,总结一生经历,谈到:"我恰好成长在中国大动乱的时代。在这个时代,中国的文化传统被连根地摇撼着;外来的观念与思想又像狂风暴雨一般地冲击而来。这个时代的知识分子感受到种种思想学术的挑战:有社会主义、有自由主义、有民主政治,也有传统思想背逆的反应。每一种大的思想气流都形成各个不同的漩涡,使得置身其中的知识分子目眩眼摇,无所适从。在这样的颠簸之中,每一个追求思想出路的人,陷身于希望与失望、呐喊与彷徨、悲观与乐观、尝试与武断之中。我个人正是在这样一个巨浪大潮中试着摸索自己道路前进的人。

"三十年来,我有时感到我有无数的同伴,但有时又感到自己只是一个孤独的旅人;我有时觉得我把握着了什么,可是不久又觉得一切都成了昙花泡影。然而无论怎样,有这么多不同的刺激,吹袭而来;有这么多的问题,逼着我反应并求解答。这使我不能不思索,并且焦虑地思索。一个时代的思想者,必须有学人的训练和学问的基础,然而一个时代的思想者,他的思想方向和重点，毕竟和学院式的人物不相同，这正像康德和伏尔泰之不同一样。在这本文集里所选的文章，正是我上述心路历程的一个记录。这些文章反映着中国大变动时代，而这个大变动时代也是孕育着这些文章的摇篮。无论怎样，这些记录是可贵的。"

他特别说："我在写这自叙时，正是我的癌症再度病发的时候，也就是我和死神再度搏斗的时候。这种情形，也许正象征着今日中国自由知识分子的悲运。今天，肃杀之气遍布着大地，自由民主的早春已被消灭的无影无踪了。我希望我能再度战胜死神的威胁，正如我希望在春暖花开的日子看见大地开放着自由之花。"（《〈海光文选〉自叙》，《明报月刊》第四十六期）

不过，《海光文选》此后因故未能出版。

9 月

24 日，在致林毓生的信中说："在家世方面，当我童少年时，家道已经中落，但是长一辈的人还要摆出一副架子，说话矫揉造作，室屋之内充满理学式的虚伪。我简直讨厌透了！这成为我日后不分青红皂白地反传统文化的心理基础。"（《殷海光林毓生书信录》，第 230 页）

10 月

1 日，在致屈莱果的信中说："我现在几乎好像一个隐士那样生活。我不去看电影。除了看书、写作、思想之外，我通常做一些手工过日子。但我不把现代化看作具有至高无上的价值。"（《殷海光书信录》，第 193 页）

9 日,在致林毓生的信中说:"我自己在几年以前有西化和现代化的倾向。现在,如果有人问我,是西化好还是中化好,是古代好还是现代好,我的答复是:我不知道。……

"直到约五年以前,我一直是一个 anti-traditionalist(反传统主义者)。现在呢? 我只能自称为一个 non-traditionalist(非传统主义者)。虽然,我现在仍然受着中国文化的许多扼制,但是我已跳出过去的格局,而对它作客观的观察。"(《殷海光林毓生书信录》,第 236—237 页)

在同年致朱一鸣的信中,殷海光说:"午夜梦回,苦思焦虑的,就是故土故人,大地河山,七亿同胞的和平、生命、幸福的问题。我虽身陷困逆,对这些问题未尝一日去怀。

"今后中国的知识分子,如果要为七亿同胞服务,必须把数十年来各党各派一切主义式的叫嚣,抖落得干干净净,而另辟思想和行动的新境界。今后中国最重要的事,是从一切党政之中彻彻底底抽出来,独立而不移地确立国家民族的大是大非,做时代的灯塔。"(《殷海光书信录》,第 21、24 页)

1969 年

1 月

1 日,在致何友晖的信中说:"我的为人,好恶分明,壁垒森严,是非之际毫不含糊。这样的心灵结构,不难被人摸透。来骗我的人一进门总是谈点民主自由的口号,浅薄地谈点罗素,科学的哲学,再附带地骂骂人,说钱穆是义和团,唐君毅的头脑像浆糊,我便为之激动,像古人一样,立刻'相见大悦',马上引为知己,相与推心置腹。来者的这一'木马计'(the policy of Trojan Horse)既然得售,接下去的演出就是我上当了。

"……然而,我无悔,我并不因此对人类绝望。一个理想主义者常常不免要为他的理想付出这类吃亏的代价的。我们没有决定性的理由(decisive reason)来断言这个地球上就没有真诚的人。我们可以碰,也可以寻找,与我们共心通灵的人。"(《殷海光书信录》,第32—33页)

在同月 11 日致黄展骥的信中,殷海光也表达了类似观点。

2 月

9 日,在致何友晖的信中说:"单说人生经验,胡适总比××深广得多。他常常被人利用而不自知。尤其雷案发生以来,他更是被哄得团团转。胡适这人反应算是灵敏的。他曾经是时代的宠儿,可惜他的思想基础太浅薄,不能刺透时代激变的里层,加之他又不耐寂寞,喜在酒会哈哈哈。比起俄国的克伦斯基,他真是差得太远了。克伦斯基从俄国亡命美国以后,数十年来锲而不舍地为自由民主努力研究和思想,他始终是独立不移的。胡适则始终跟实际的政治权势纠缠不清,所以难免作权势的工具。

"……胡适数十年来常常劝人:'你想某党变好,必须加入某党才行。'结果,连他自己这位清客在内,所有加入者都被某党吞食,而丝毫无补于事,徒丧社会元气而已。……胡适的浅识薄见,实在自误又误人。在我同胡适私人接触时,我的内心立刻产生二人相距千里之感。"(《殷海光书信录》,第38—39页)

3 月

22 日,在致卢鸿材(苍芦)的信中说:"关于中国近半个世纪以来惊天动地的大问题,我们自由的知识分子必须力求从各个不同的重要层面作可能的客观了解。这样才算是诚心追求真理。"(《殷海光书信录》,第366页)

23日,在致邓文光的信中说:"对于这样的一个时代而言,适当的孤僻,是一种防腐剂。"(《殷海光书信录》,第311页)

5月

"五四"五十周年纪念,在家中放鞭炮庆祝。此为殷海光生平唯一一次放鞭炮。

为庆祝罗素九十七岁寿辰,在罗素照片下切蛋糕纪念。

6月

胃癌复发,入台大医院治疗,使用西医疗法,无效。

1日,在致卢鸿材(苍芦)的信中说:"左右双方任何文献皆不能左右我的判断。但我渴望扩大视野,以刺激思想活动。"(《殷海光书信录》,第368页)

为撰写《中国近代思想史》进行准备,是殷海光晚年最为重要的学术工作,直到他去世前不久,仍在努力搜求与阅读相关文献。

7月

决定出院,病情继续恶化。

8月

在家中尝试中医疗法,病情稍有缓解。牧师不时为其祷告。

开始口述著作《思痕》,由陈鼓应笔录。计划口授六十万字,分为思想、知识、哲学与人物等四项。开始两周以后因病情急转直下而被迫终止。存稿由陈鼓应整理为《春蚕吐丝——殷海光最后的话语》一书，于次年出版。

期间，撰写《自叙》一文。徐复观陪同唐君毅夫妇前往殷宅探望。

24 日，在致徐复观的信中说："八月十二日，先生偕唐君毅先生来舍探病，引起我对当代智识之士的若干基本问题的思考。唐先生所树立的为儒门风范，所成就的为道德理想，而非知识。以他的学术资本，思想训练，和个人才力，显然不足以完成他所要达到的目标和规模。古往今来，道德的奇理斯玛（charisma）人物，往往如此。……今日有心人最重要的事，在于树立一超越现实的自我，对外界的成败毁誉，颇可不必计较。际此是非难辨之世，吾人必须学习隔离的智慧，抖落一切渣滓，净化心灵。然后跨大鹏之背，极目千里，神驰古今。但又同时能如现代的探矿师，对于中国历史社会文化的发展形态及去脉来龙，能有真实的了解。"（《殷海光书信录》，第 88 页）

9 月

12 日，入台大医院抢救。16 日下午 5 时 45 分在医院去世，享年五十岁。19 日，遗体火化。20 日，骨灰安放在怀恩堂。21 日，在怀恩堂举行了追思礼拜。1978 年，迁葬于南港"自由墓园"，根据遗嘱，在墓碑上镌刻"自由思想者殷海光先生之墓"。

关于殷海光去世前后情形，师母夏君璐在给友人的书信中曾有详细记录：

> 七月底老师身体开始有显著的恶化，脚及腹开始肿，接着面颊也肿。……人虽然慢慢消瘦，精神还算不错，只要与

友人、同学谈学问谈问题,精神就百倍,尤其与张灏同学常常可谈一个多钟头。

到了八月下旬,人更瘦了,胃口更坏,每天一共喝半杯豆浆及数茶匙 baby food 度日,周(益川)医师的药种繁多,一天要吃七八道,每吃一次就如打一次仗,因吃下去胃部感到很不舒服,有时会引起呕吐,常常吐完了,休息一下,又继续吃下没有吃完的。有时吐完了还没一下又拿起书看。……

老师精神越来越差了,陈鼓应及张尚德同学的笔录早已停顿了,来探病的客人多半被我拦在大门外,因为每次谈话结束后老师会觉得很不舒服。不过老师很喜欢与怀恩堂的周联华牧师谈,他们谈过几次,周牧师对神学研究很深,周牧师所讲的引起老师莫大的兴趣,并请周牧师写下几本重要的神学著作,说以后要买来看。周牧师离去前,老师总请求为他行按手(按在胃部)祷告。九月初老师已无力气起身,因为他的房间东晒,早上抱到我的房间,下午又搬回,以前是他自己走,后需要人扶,现在由我抱来抱去(可见瘦到什么地步),大小便皆在床上处理。……

张绍文、鼓应及尚德他们常常来,看老师的情形主张住进台大医院以防万一,九月十二日早鼓应请毛子水老师一齐去台大医院交涉到公保二等病房的床位。下午查良钊老师、周牧师、陆颂熙教授(怀恩堂董事长)、鼓应、尚德、张绍文、廖融融、韦政通等皆来我们家劝老师住院治疗。老师说不能治疗了,进医院有什么用呢?经大家劝说后,老师总算同意了,他说:'我现在不能自己起来大小便,要住头等才方便。'

台大医院头等病房很不容易得到，马上要根本不可能。鼓应说他明天去交涉，一有马上搬去。当天晚上九点多，老师突感不适，他说他不行了，要马上去医院，我急忙打电话给鼓应请他马上去台大医院借救护车来。鼓应不久来了，没有借到，我就去找台大医院主任刘培勋先生请他设法，回到家老师越来越不行，手脚冰冷，全身流冷汗，老师说他不能等，要坐 taxi 去，但是老师一动也不能动，如何能抬进那样小小的门？这时来了许多朋友及同学，大家心急如焚，宋英女士、王子定太太也来了，十时多刘培勋太太坐着救护车开到我家大门口，当时真像天使从天而降，工人用担架把老师（连垫的褥子）抬进救护车，正要开车时毛子水老师也赶来了。鼓应和我随车同去，一到医院门口便冲进去赶办住院手续。……

十五日早上情形转坏，我嫂嫂詹大夫一看见他的样子眼泪就夺眶而出。十点多宋瑞楼大夫来诊察，然后对我说殷先生没有希望了。至此老师更瘦得不成人形，感觉渐渐消逝，整天静静地呼吸，有时嗯嗯出声，我们就把他身体移到另一边，并时时为他按摩。……十六日人更不行了，感觉已没有了，一直非常微弱地呼吸，有时左手会翻动一下。……下午四点多，同学们劝我先回家休息一下，我看老师呼吸很均匀，医生说也可能拖到明天，想一下不会怎样，于是与我弟弟五点钟时离开台大医院，刚刚到家，他们打电话来要我赶快去，当我赶到病床时老师已去世十五分钟。看老师被病魔折磨得只剩一副骨架，真是凄惨。……

……李敖、我哥哥夏邦铮及廖融融坐李敖的车子送我回家。到家不久李敖及孟祥柯和我一齐去怀恩堂与周牧师商量一些事情及决定追思礼拜的日子。张绍文先生去各报馆发布老师去世的消息。第二天绍文及鼓应去《中央日报》登讣文启事,办理死亡证明书及印刷讣文等事件。第三天上午查良钊、毛子水老师、齐世英先生、洪耀勋主任、宋英女士、鼓应、尚德、晓波、周牧师等在台大哲学系开治丧委员会,会中讨论老师遗稿、书籍及遗族善后的问题。……第四天下午我、文丽及许多亲友到台大医院太平间收殓老师遗体,周牧师先作简短的读经祷告,然后我们一齐跟老师的遗体去火葬场。……二十日早上我弟弟去捡老师骨灰,下午三点,我、文丽、詹大夫、奥华特等在怀恩堂以迎接周牧师及我弟弟从火葬场带回的老师的骨灰。……二十一日的追思礼拜由周牧师、陆老师安排,同学分作各项事务,这次老师的后事因得查老师、毛老师、我哥哥嫂嫂、周牧师、陆老师、张绍文、鼓应、尚德、晓波、正弘、新云及许多无法一一记名的朋友们帮忙,使得一切尽善尽美,我及文丽衷心地感谢他们。……（贺照田编选:《殷海光学记》,第6—11页）

纪念文存

殷海光

——一些旧事

聂华苓

一束玫瑰花

1949 年,我一到台湾,就有人谈到殷海光;谈的时候,笑里透着点儿警告:殷海光孤僻、傲慢、拒人于千里之外,最好不要去惹他。

不久,一群年轻朋友(现在已是年近花甲的人了!有的已经凋零了)有个聚会。我们刚从战火中跑到台湾,在棕榈、阳光的海岛上,许多年轻人的心情却是惶恐落寞的,要在战争废墟中探索、追寻一点儿希望:中国人究竟该朝哪个方向走?那天的聚会,殷海光也来了。朋友们在小房的榻榻米上席地而坐,大家希望听听殷海光的意见。他比其他的人并大不了多少,但在智力上、在思想上,他是那一伙年轻人的"大帅"。然而,大帅不讲话,两眉紧锁坐在那儿,笔挺的希腊鼻,很深很黑的小眼睛,两道清光把人都射穿了,蓬乱的头发任性搭在额头上。他仿佛有千斤重担压在肩上,不知如何卸下才好。他开始讲话了,打着湖北腔的官话,一个个字,咬得很慢很清楚。他逐渐"热"起来了,谈到他的"道"了——他那时的"道"认为中国必须全盘西化,才能建立自由民主的社会。他反对传统。①

后来在另一个场合,突然有人在门口叫了一声:"聂小姐!"抬头一看,正是殷海光。我站起来招呼他,他却脸一沉,头一扭,硬邦邦地走了。许久以后,我才知道,他发现屋子里有个"气压很低"的人。

殷海光应傅斯年之聘,在台湾大学哲学系教书;却住在《自由中国》从台湾省政府借来的房子里(松江路 124 巷 3 号)。三房一厅的房子,只有殷海光一个人住。那时的松江路只有两三条街的人家,四面是空荡荡的田野。地方偏僻,交通不便,又加上一个殷海光!谁也不愿搬到那儿去。我家若有选择的余地,也不会搬去。我拖着母亲、弟弟、妹妹到台湾,白天在《自由中国》工作,晚上在夜校教英文,收入仅够糊口,哪里还有选择住处的自由呢!我们一家人是怀着凶吉不可卜的心情搬到松江路去的。

搬家那天下午,殷海光正在园子里种花,看到我们笑眯眯的,没有多说话——他好像没有不欢迎的样子。但来日方长,挤在四堵灰色土墙内,是否能相安无事呢?不知道。我对未来的一切,全不知道。惟一知道的是,我必须硬着头皮讨生活。没有信心,

---

① 殷海光一生不断地摸索、挣扎、"焦虑地思索",思想道路不断地改变。在他逝世前几年,他已开始对中国传统文化重新估价,逐渐承认传统价值。

没有希望。早上蹬自行车去《自由中国》，一直到晚上十点才蹬自行车从夜校回家——日子就那样子过下去。

搬家第二天早上，我一醒来，眼睛一亮——一大束红艳艳的玫瑰花！殷海光园子里的玫瑰花！他摘来送给我母亲。我家住在一大间本是起坐间的屋子里，空空洞洞的屋子，窗前放了一束玫瑰花，立刻就有了喜气。那是我们台湾生活中第一束花。

我对母亲说："别担心。殷先生是个爱花的人。"

母亲笑笑说："我才不怕他！"

就从那一束玫瑰花开始，殷海光成了我家三代人的朋友。他在我家搭伙，我们喜欢吃硬饭和辣椒，他一颗颗饭往嘴里挑，辣菜也不沾，尤其痛恨酱油，但他从没说什么。后来母亲才发现他有胃病，问他为什么不早说呢，他说："人对人的要求，就像银行存款，要求一次，存款就少一些。不要求人，不动存款，你永远是个富人！"

母亲把饭煮得软软的，辣椒酱油也不用了。殷海光仍然是有一搭没一搭地吃着。他和我们一起吃饭，好像只是为了谈话：谈美，谈爱情，谈婚姻，谈中国人的问题，谈未来的世界，谈昆明的学生生活，谈他景仰的老师金岳霖……有时候，在黑夜无边的寂静中，他从外面回来，只听见他沉沉的脚步声，然后咔嚓一下开房门的声音。不一会儿，他就会端着奶色的瓷杯，一步步走来，走到我们房门口："我——我可不可以进来坐一坐？"母亲看到殷海光总是很高兴的，招呼他坐在我家惟一牢靠的藤椅上（其他的椅子不是断了腿，就是摇摇欲坠）。他浅浅啜着咖啡（咖啡也是西化吧？），也许一句话也不说，坐一会儿就走了；也许又娓娓谈起来。

他说话的声调随着情绪而变化,有时如长江大河,一泻千里,有时又如春风缓缓地吹:

> 昆明的天,很蓝,很美;飘着云。昆明有高原的爽朗和北方的朴实。驼铃从苍苍茫茫的天边荡来,赶骆驼的人脸上带着笑。我们刚从北平搬到昆明,上一代的文化和精神遗产还没有受到损伤;战争也还没有伤到人的元气。人与人之间交流着一种精神和情感,叫人非常舒畅。我有时候坐在湖边思考,偶尔有一对情侣走过去,我就想着未来美好的世界。月亮出来了,我沿着湖散步,一个人走到天亮。下雪了,我赤背袒胸,一个人站在旷野里,雪花飘在身上……

他也常常感时伤世:"现在的人大致可分三种:一种是粪缸里的蛆,一天到晚逐臭地活着。一种是失掉人性的躯壳,只是本能地生存着,没有笑,没有泪,没有爱,也没有恨。还有一种人生活在精神境界里,用毅力和信心筑起精神的堡垒,保护自己。物质的世界是狭小的,充满欺诈和各种利害冲突。只有在精神世界里,才能开辟无限乐土,自由自在,与世无争……"

他说西方文化的好处之一是线条清楚,不讲面子。他向我家借三块钱,收到稿费,必定郑重其事双手奉还。我家向他借三块钱,他就会问:"几时还?下星期三我要买书。"母亲说:"星期二一定还!"他才借给我们三块钱。我们必定在星期二还钱,否则,下次休想再借!有朋友就那样子碰过一鼻子灰。

他又说西方文化另一好处是人有科学头脑,讲究分析。他论事论人,锋利冷酷,一层一层剥开来分析。有天晚上,他和几个朋友在我家聊天,他兴致来了,把在座人的"牛鬼蛇神"全分析出来了,讲了一个通宵! 他指着一个朋友的鼻子斩钉截铁地下了一句评语:"你是一团泥巴!"被指作"泥巴"的人哭丧着脸哈哈大笑。

他评人评事总是很有趣的,一针见血,因为没有恶意,所以不伤人。你批评他呢? 也可以,只要你有道理。母亲常常指点他说:"殷先生哪,你实在不通人情!"

他仰天大笑。

爱情、鲜花、梦想的庄园

那时,殷夫人还是夏小姐。她在台湾大学农学院读书,眉清目秀,两条乌黑辫子,一身清新气息。他们在大陆时已经订婚。①她常在周末来看殷海光,只要她在座,他就不滔滔而谈了;只是微笑着,很满足,很严肃——"爱情就是那个样子嘛!"他准会那么说。当然,没人和他谈过这件事。那是他生活中最神圣、最隐秘的一面;而且,"西方文化"是尊重人的私生活的。当时我只是暗自好笑:殷海光在夏君璐面前就老实了。三十年后的今天,我才了解:他年轻妻子坚如磐石的爱心,忍受苦难的精神力量,早在她少女时代,就把殷海光镇住了! 在台湾长期受迫害的生活中,她是他精神世界主要的支柱,是惟一帮助他"开辟无限乐土"的人,使幽禁殷海光的温州街小木屋神化为梦想的大庄园。她是一个了不起的女子。

殷海光谈到他梦想的庄园,眼睛就笑亮了:"我有个想法,你

_____

① 作者此处记忆不确,在大陆时两人只是相爱,并未订婚。

们一定喜欢。我梦想有一天，世界上有一个特出的村子，那儿住的人全是文学家、艺术家、哲学家。我当然是哲学家啰！"他哈哈大笑。"我的职业呢？是花匠，专门种高贵的花。那个村子里，谁买到我的花，就是他最高的荣誉。我真想发财！"他又哈哈大笑。"殷海光想发财！只因为有了钱才造得起一个大庄园呀！大得可以供我散步一小时。庄园边上环绕密密的竹林和松林，隔住人的噪音。庄园里还有个图书馆，专存逻辑分析的书籍。凡是有我赠送借书卡的人，都可以进去自由阅读。但是，这样的人不能超过二十个。人再多就受不了了！"他皱皱眉头。

"我们没搬来以前，"母亲说，"还怕你嫌我们人多了呢！"

"你们这一家人，"他调侃地笑着，"我还可以忍受。换另一家人，就不保险了。你们没搬来以前，我有一只小白猫。我在园子里种花，它就蹲在石阶上晒太阳。我看书，它就趴在我手臂上睡觉。我不忍惊动它，动也不敢动，就让它睡下去。无论怎么穷，我一定要买几两小鱼，冲一杯牛奶喂它。后来，小猫忽然不见了，我难过了好久。现在又有这只小猫了！"他微笑着撩起薇薇搭在眼帘上的一抹头发，思索了一会儿。"人真是很奇怪的动物，像刺猬一样，太远，很冷；太近，又刺人。在我那庄园上，我还要修几幢小房子，就不能离得太近！越远越好！那几幢小房子，我送给朋友们……"

"送不送给我们一幢呢？"我笑着问，"竹林边上的那一幢，怎么样？你和夏小姐每天下午散步来我们家喝咖啡，Maxwell 咖啡！你的咖啡！"

"好！就是竹林边上那一幢！"

殷海光在园子里种花,母亲就带着薇薇、蓝蓝坐在台阶上和他聊天。他的花特别娇嫩。夏天,他用草席为花树搭起凉棚;风雨欲来,他将花一盆盆搬到房中。八个榻榻米的一间房,是书房、卧房、起坐间、储藏室,也是雨天时的花房!他有时也邀我们雨天赏花。(否则,最好是非请莫入。)一走进他的房间,就看见窗下一张气宇轩昂的大玻璃书桌,最底下的一个抽屉不知到哪儿去了,露出一个寒酸的大黑洞。桌上一小盆素兰,一个粉红小碟盛着玲珑小贝壳。整洁的小行军床放在书桌旁边。靠墙两张旧沙发,一个小茶几,茶几上或是一盆珠兰,或是一瓶白菊。沙发旁的小架子上有一个淡柠檬黄花瓶,瓶里总有一大束风姿绰约的鲜花。再过去,就是一排书架,一本本深厚色调的精装书稳稳排列在上面。除了几本与文学有关的和普通理论书籍之外,其他的书对我而言都是"天书",七古八怪的符号,作者是什么 Whitehead 呀,Quine 呀,Church 呀……那些书是绝不借人的。书和花就是他的命。那几件家具呢?"发财以后,一定劈成柴火烧掉!"他讲的时候的确很生气。

罗素、微雨黄昏后

殷海光每天早上到巷口小铺喝豆浆。

"聂伯母,没有早点钱了,"他有时向我母亲借钱,"明天拿了稿费一定还。"

母亲笑他:"殷先生哪,下次有了稿费,在你荷包里留不住,就交给我代你保管吧!不要再买书买花了。"

他接过钱,自顾自说:"书和花,应该是作为一个'人'应该有的起码享受!"愤愤不平地走开了。

他除了上课之外,很少外出;假若突然不见了,你一定会看到他捧着一束鲜花、夹着一两本硬邦邦的新书、提着一包包沙利文小点心,坐在旧三轮车上,从巷口轻松荡来。然后,他笑眯眯走进斑驳的绿色木门。

"殷先生,你又拿到稿费啦!"母亲劈头一声大叫,仿佛"抓"着逃学的孩子。"记得吗?今天早上你还没有早点钱!"

他仰天大笑,快活得像个孩子;然后,"赎罪"似地,请我们一家三代到他房里去喝咖啡、吃点心。两张旧沙发必定让给母亲和我坐。尊重妇女嘛,西方文化。薇薇在门口脱下鞋子说:"罗素的小朋友也赤脚!"殷海光大笑一声,往她小嘴里塞进一块小可可饼,抱起她只叫:"乖儿子!"(他认为她不"乖"的时候,也会横眼狠狠瞪一下,断绝邦交!)蓝蓝总是很乖的,坐在我身上等着吃点心。他嫌她太安静了,对她大叫一声"木瓜!"她哇地一声哭起来,他就塞给她一块小椰子饼。他咚咚地走出走进,在厨房熬咖啡;他的咖啡必是 Maxwell 牌。一直到现在,我还认为 Maxwell 是世界上顶香的咖啡。

花香、书香、咖啡香,再加上微雨黄昏后,就是说罗素的时候了。罗素可不是随便谈的!天时、地利、人和,都得对劲才行。有天晚上,殷海光拿来《罗素画传》给我们看;他正要将书递给我,家里来了一位不速之客。他连忙将书从我手里抢了过去,目不旁视,硬挺挺走了出去。又有一天,午饭时候,他谈着谈着,兴致来了,回房拿来罗素的书,朋友要接过书来看看,他抓着书不放,瞪着眼说:"不是看罗素书的气氛!"

现在,时候到了,气氛有了! 我们不懂罗素,没关系! 罗素不在乎,殷海光也不在乎。人能"通"就好! 他常用那个"通"字来形容人与人之间的关系。殷海光果然从书架上捧下罗素的书,还有《罗素画传》。书我们不懂,《画传》可是很好看。石砌的矮墙,墙外野草深深,翳翳松影里,一幢古朴小屋,那就是罗素在菲斯亭尼俄谷的夏天别墅。石板路,几片落叶,深沉的庭院中,蹲着小小的罗素和狗。草地上,罗素望着骑驴子的小孩。白花花的阳光,罗素拿着烟斗,站在石阶前,笑望着妻子怀里的孩子。罗素夫人倚窗沉思,恬静智慧的眼睛望着窗外,仿佛她随时会推开窗子飞出去。

"你把书拿回去看吧!"殷海光慷慨地说,然后透着点儿炫耀:"这本书可不是随便借人的啊——"炫耀就在那长长扬起的一声"啊"。

那一刻,我突然想到,曾有一天,母亲向他借一个多余的空玻璃瓶,他绷着脸,煞有介事地:"不借!"我气得冲口而出:"实在可恶!"他哈哈大笑。我回头说:"我在骂你呀!"他又大笑一声,咚地一下把门关上了。

诗人骨子

殷海光的朋友不多,到松江路来访的客人多半是他的学生;夏道平和刘世超有时在傍晚从和平东路散步到松江路来看他。他不一定请客入室,有的朋友连大门也没进,只是靠着野草蔓生的木门,三言两语,一阵哈哈,拂袖而去。有的朋友就站在园子里,看他将平日存下来的臭罐头、酸牛奶、烂水果皮……埋在花树下,一面和他谈话。他有时请人坐在台阶上,一人捧一个烤红薯,谈逻辑,谈数学,谈罗素,谈他最近在外国逻辑杂志上发表的论文……偶尔他也请客入室,席地而坐,一小锅咖啡,一小盘沙利文点心——那样的场合,多半是谈更严肃的学术、思想问题,客人也多半是他的弟子。

殷海光骨子里是个诗人。但当他坐在书桌前面,写逻辑论文,看逻辑书籍,当他分析事理时,他又是个科学家,严谨、认真、恪守原则。他好像只有在逻辑的范畴内才能控制自己;一离开那个,他喜怒无常、爱憎不定。他有时天真烂漫得像个孩子;有时平易近人,几乎有女性的细腻;有时面孔一板,眼睛一沉,冷冰冰的,很可能指着某人鼻尖大骂:"你这个坏蛋!"但是,说不定就在前一刻,他还请他在房里喝了 Maxwell 咖啡呢! 就是他讨厌的人,他也没准。只要那人有耐心,忍受他的冷眼,趁他"热"的时候,挑一句正中他心坎的话,说不定也成了他座上宾、阶下客。那种邦交维持多久呢? 不知道。但他永远还是回到自己的原则上,好恶分明。

他待人不是根据世俗的原则。在他心目中,最高贵的人是有"人"性的人——有"人"的自尊心,"人"的爱和憎。为我们烧饭的女孩阿英便是他尊重的一个"人",他喜欢她傲然的神采和浑身活力。她从不以"庸人"自居。她做饭时看情书,把饭煮成糊锅粑,他说吃起来却特别香。有人在走廊上咚咚走路,他便会推开房门大嚷:"我的神经要炸了!"但是,阿英放肆无羁的木屐在走廊上呱哒呱哒地去,呱哒呱哒地来,他永远没听见。阿英的小房里也有殷海光送的玫瑰,她唧唧哇哇的朋友们也常品尝殷海光的 Maxwell 咖啡。路口小铺一对年轻夫妇也是殷海光所欣赏的"人"。他常去小铺听他们谈战乱逃亡的故事,他也爱去小铺看刚生的婴儿。他将一件心爱的毛衣送给那小伙子,只因为他是一个完整的"人"。他认为尊重个人尊严,就是把每个人当做一个个体看待,尊重此个体的爱和憎。因此,常有被人认为微不足道的小事,却能激得他怒发冲冠。一句话,甚至一个字眼,若伤了他的自尊心,不论你有多大财富权势,他会横你一眼,昂首阔步离去,那神情就像你趴在他脚下。

我到台湾之后开始写作,殷海光是第一个鼓励我的人。1952年,胡适第一次从美国到台湾,雷震要我去机场献花,我拒绝了。殷海光拍桌大叫:"好,好! 你怎么可以去给胡适献花! 你将来要成作家的呀!"我倒不是因为要成作家才不去给胡适献花,只是因为羞涩、腼腆而不愿在公开场合露面。(直到现在我也是如此。有时打鸭子上架,没办法!)殷海光那一声"好"叫得我一惊:"真的吗? 我可以写吗?"

"当然可以! 只是生活太狭窄了! 白天上班,晚上回家,洗尿布,奶孩子,"他望着我手里抱着的薇薇,"尿布里可出不了作家呀!"他笑着指点我:"你是个聪明女子,写下去呀!"他顿了一下,望着我说:"嗯! 一江春水向东流。"说完仰天大笑,然后幽幽地:"唉! 生活担子太重了。"

我那时穷得连一支自来水笔也买不起,用的是沾水钢笔。一天,殷海光领到稿费,买了一支派克钢笔,给我母亲看。她笑了:"殷先生,你这个人呀! 原来那支笔不是好好的吗? 你裤子破了,袜子破了,早就应该扔到渣滓堆里去了! 眼巴巴望来的一点稿费,又买支笔干什么呢?"

"旧笔,可以送人嘛!"他走回房拿出旧派克,结结巴巴对我说:"这——这支旧笔,要不要? 旧是旧,我可写了几本书了! 你拿去写小说吧!"

我感动得半晌说不出话:"我就需要这么一支笔! 我就需要这么一支笔!"

第二天晚饭后,他在我们房中踱来踱去,坐立不安,终于吞吞吐吐对我说:"有件事和你商量一下,可以吗?"他尴尬得不知如何开口。

我以为他要我解决什么困难问题:"什么事?"

"可不可以,可不可以把你的笔和我的笔交换一下?"

我失声大笑:"两支笔全是你的呀!"

"不,给了你,就是你的,再要回来,不礼貌。我——我——"他自嘲地笑了笑,"还是喜欢那支旧笔,我用了好多年了。"

我把旧笔还给他。

"谢谢!"他那郑重神情,倒像是我送了他一件极珍贵的礼物。

无价之宝

1954 年,殷海光去美国哈佛做"访问学人"。我和母亲突然想到我家惟一的祖传之"宝":朱熹所写的游画寒诗。母亲从惟一的一口樟木箱子里取了出来。古色古香的金黄缎子书套,紫檀木夹板,刻着"朱文公遗迹"。黄色纸地,白绢镶边,朱熹龙飞凤舞写着:"仙洲几千仞,下有云一谷。道人何年来,借地结茅屋……"

"殷先生，"母亲将他请到我们房中——凡是难以启口的事，总归母亲打先锋——"请你帮个忙：把这卷朱熹墨宝带到美国去卖掉。我对不起祖宗，聂家只剩下这一件有价值的东西了，华苓的爷爷当宝贝。也是太穷了，才想卖掉。人总不能端着金碗叫化呀……"

"不为别的，只想换来一点点自由，做点自己爱做的事，譬如写作。"我的确如饥如渴地需要那点儿自由；我也知道那是最能打动殷海光的话。"卖的钱，你十分之一，线条清楚！"我套用一句殷海光术语，"朱熹的真迹呀！你瞧，诗、书法、装帧……不仅有学术研究价值，还是件艺术品呀……"

"请问，"殷海光冷静地，"你能断定这是朱熹真迹吗？"

"哎呀，看嘛！我想：殷海光太迂了，"这上面还有历代收藏家鉴印和评语呀！真德秀评：'考亭夫子书宗魏晋，雄秀独超，自非国朝四家所可企及。'周伯琦评：'道义精华之气浑浑灏灏，自理窟中流出。'还有，还有！'入首数行，骨在肉中，趣在法外，中间鼓舞飞动，终篇则如花散朗，如石沉著——甲子岁暮以事玉燕，购于张文传先生，如获连城，题后数言，秘之箧笥，不肯使墨林俗子一见也。'这是我爷爷写的呀！你再看看这些不同时代的鉴印，深深浅浅的印色，有的已经模糊，有的还清楚……这些会是假的吗？"

殷海光似信非信地点点头："好吧！我带去，但要人先鉴定一下。哈佛东方研究所一定有人懂这些玩意儿。"

殷海光去美国以后，我们天天焦灼地盼望他的来信。他第一封信说已经将那件宝贝请哈佛大学东方研究所的一位教授拿去鉴定了，并说他们很感兴趣。我们一家人高兴万分，各做各的发财梦。我的发财梦是：辞掉夜校教书工作，晚上写点东西、读点书。台湾邮差每天早晚送信两次，我们一家人每天就紧张两次，邮差自行车在门前咔嚓一声停下，然后将信件扔进信箱，我和母亲就跑出去抢着开信箱。好不容易盼到了殷海光的第二封信，是两个月以后的事了。

  ……前信已提及宝贝由哈佛大学东方研究所的教授鉴定去了。这些日子我等得好不焦心，但又不便表示焦灼的样子。别人怎了解这件宝贝兹事体大，不但府上每人寄予无限热望与梦想，就是我这个外人也可分享十分之一的利益，将来返台靠此结婚成家呢！今晨我去看那位教授，他把宝贝拿了出来，半晌微笑不语。我耐着性子问："怎么样？"他吞吞吐吐，只是说："这个……嗯……这个……"又把头摇几下。我立刻心里一怔，心想：糟了！我脱口而出："假的？"他点点头，于是乎拿出考证的卡片；今一并附上。别人是用科学方法鉴定，万无一失。聂伯母，如果您老不甘心，还要拿到日本去鉴定，也未尝不可。不过，基于道义的理由，我要就便告诉您老：日本的汉学水准一定不比美国的哈佛差。万一又考证出正身，再白赔掉好几块美金的邮费，可就损失更大了。你们一定很伤心。我当时也很伤心。但现在想起来令人失笑。我抱着宝贝回来时，天正下着大雨，我正"雨地行军"，宝贝似乎越来越重，而雨越下越大。回来啊！呢帽变成水帽，重约数磅；鞋子成了水袋，咯吱咯吱；大衣也湿透了。我赶快全脱下,放在热水汀上烘烤。而人呢?坐在沙发上,好不惨烈,心想:这辈子要做王老五了。我又怕因此受寒生病,因波士顿比北平还冷。美国医院特贵,倘若生病,我岂不要损失惨重!后来赶快用热水大洗一顿。还好,没有出毛病。哎,多么可悲又可笑的人生!不过,不管天翻地覆,我们总得活下去,不能再盼望奇迹了!宝贝由台来美,一路使我紧张万分。现在我得请它阁下先行返台了,今已付邮寄上。包裹单"价值"一项,我填的是"无价之宝"……

一头忧郁的白发

殷海光和我母亲之间有一份很动人的感情。母亲年轻守寡,在战乱中十分艰苦地把几个子女抚养大。在母亲的心目中,儿子还是比女儿重要。尤其是她的长子华懋。1952年春,华懋夫妇从空军基地嘉义到台北来和母亲欢聚了几天。母亲为他煮藕汤呀,焗饼呀,做饺子呀……我从没看她那样快乐过。他们回嘉义的头天晚上,我那深沉忠厚的弟弟还拖着我在几个榻榻米的房间里跳了一支华尔兹舞:魂断蓝桥。他回去以后,就魂断嘉义了,因为飞行失事。我接到消息,忍住悲痛,一面料理华懋后事,接弟妹三人到台北,一面把华懋的死讯瞒着母亲——她有心脏病。但总有一天她会知道大儿子已经完了,殷海光就为她做心理准备工作。每天黄昏,他必定邀她去散步。那时的松江路四周还是青青的田野,他们一面散步,一面聊天,谈生死哀乐,谈战乱,谈生活琐事,谈宗教——殷海光那时并不信教。(他信天主教,还是多年以后的事,大概是受了他夫人的感召。)这一类的谈话,都只为了要在母亲的精神和心理上加一道防线,防御终归来临的丧子之痛。日日黄昏,他就那样充满耐心和爱心看护了她六个月!谁也没提过弟弟的死,母亲自己感应到了。一天晚上,我从夜校教课回家,母亲躺在床上,一见面就肯定地说:"华苓,你弟弟完了!"我再也忍不住了,失声痛哭。

母亲断断续续,哭泣了一夜。殷海光关着房门,一个晚上也没出来。

殷海光和夏君璐结婚之后,大概是 1956 年吧,他们搬到温州街台大配给的房子。那以后两家人很少见面。我和母亲带着两个孩子去看过他们。殷海光正在园子里挖池子、造假山,要把一个荒芜的园子造成假想的大庄园。他们已生了文丽,他已有了一个幸福的家,看起来很恬静。但他那沉思的眼神仍然透露了忧国忧民的心情。

1960 年 9 月 4 日,《自由中国》被封,雷震、傅正等四人被捕。我也随时有被带走的可能,住屋附近总有些莫名其妙的人来回徘徊。据说殷海光本来也在被捕的黑名单上,警总动手抓人的前一刻,才把他的名字取消了。但当时我们不知道。我和母亲非常担心他的安全,每天早上,一打开报纸,就看有没有殷海光的名字。没想到他和夏道平、宋文明突然在报上发表公开声明,表示愿对《自由中国》出问题的文章自负文责。殷海光写的许多篇社论几乎都是雷案中"鼓动暴动"、"动摇人心"的文章。我们也听说殷宅附近日夜有人监视,我和母亲为他捏一把冷汗。一直到 11 月胡适由美返台前夕①,《自由中国》劫后余生的几位编辑委员才见面。那时雷震已判刑,以莫须有的"煽动叛乱罪"判决有期徒刑十年。大家见面,真是欲哭无泪,沉痛、绝望——不仅为雷案,也为中华民族的前途。殷海光一句话也没说。有人提议去看胡适,他只是沉沉摇几下头,也没说话。大家要探听胡适对"雷案"究竟是什么态度,一起去南港胡寓。殷海光也去了,仍然不说话。胡适浅浅的幽默、淡淡的微笑,只是反衬出殷海光作为一个中国知识分子的深沉悲哀与寂寞。

1962 年,母亲得了癌症。她在台大医院病床上不停地谈往事,也谈到殷海光当年对她的好。他们已有好几年没见面了。我在 1960 年以后也没再见到他,只是听说他已经几年没上西门町了。一天下午,我正在医院陪母亲,房门口突然一声"聂——伯——母——"竟是殷海光站在那儿! 他的头发全白了——一头忧郁的白发。他坐在床前椅子上,望着母亲,没说话,勉强微笑着。她非常激动,但已无力表达任何情绪了,偶尔拍拍他的手,对他笑笑,说她很满足,很快乐,一定会好起来;病好以后,一定请他全家回松江路去玩。他只坐了一会儿,仿佛不知如何应付苦斗一辈子、热望活下去却又不得不撒手的我的母亲。

"聂伯母,我——我——"他笨拙地站起身,"我得走了。"他站在床前,两眼盯着她望,望那最后一眼:"聂伯母,好好保重。"

我送他走到医院大门口。

"好久没上街了,"他对我说,"上街有些惶惶然。"

---

① 胡适返台的准确时间是 10 月 22 日。

"你知道怎么回家吗?"

"我想我知道吧!"他自嘲地笑笑,低头思索了一下。"唉,聂伯母! 我再来看她。"

"你来看她,对她很重要。但是,请不要再来了。"

"来看聂伯母,对我也很重要。"

"好好保重,殷先生。"

他与我母亲就那样分手了。他与我也就那样分手了。

回首云天,何处觅孤坟?

1982 年 5 月　爱荷华微寒细雨中

痛悼吾敌，痛悼吾友

徐复观

一

前年(1967年)大约是春末夏初，我在香港接到金耀基先生来信，说殷先生因胃癌入台大医院动了手术；但癌菌已散布开了，只有三个月到六个月的寿命。虽然十多年来，在文化、思想上，殷先生由"我的朋友"变成了"我的敌人"，但当我接到金先生的信后，心里难过了好几天；随即函托金先生设法代我送了三千元的医药费，不管他愿不愿意接受。6月末，我由香港返台，到他家里去看他，出我意料之外，他的精神很健旺。但突然看到我，也和过去在傅伟勋先生婚礼席上突然相遇的情景一样，态度有些生硬。过了一会，又大说大笑起来。当时大陆上的"文化大革命"正闹得天昏地暗，我告诉他，不论怎么搞，但我们民族，是熬得起苦难，最后一定会站起来的。他听了我一番半分析、半安慰的话，显得十分兴奋。我半开玩笑地说:"你们过去从语意学上,反对'国家''民族'的说法。但实际,假定我们没有对国家民族的真诚的爱,便不会写许多文章,惹出许多麻烦。在我看,真正的自由主义者,也自然而然地是一个爱国者。你不会例外!"他很严肃地承认了我的话。他在谈天中,不断流露出对国家民族,有如赤子之心的热望。他所反对的,是把国家民族当作满足私人权力欲望工具的情形。

二

前年 7 月,我接到殷先生来信,想到东海大学来看我,我回信欢迎。来后住了四天,经常和我谈到文化问题,我发现他的态度已经有些转变:他对中国文化,保持他审慎的敬意;他认为他有关中国文化的一部著作(我始终未看到这部书,所以对书名记不清楚)犯了不少的错误;他认为逻辑实证论沾不到价值问题,而价值问题是非常重要的。我只是静心地听,避免主动地说出我自己的意见,因为怕出言不慎,刺伤他病后的身体。但有许多话,是他过去绝不肯说,绝不肯承认的。我惊奇地问:"你怎会有这种转变呢?""我是受了近年来文化人类学的影响。"前不久,他在病榻上告诉陈君鼓应,又多补出了三个转变的原因:一、他对故乡生活的回忆。二、他的学生张灏。三、半个徐复观。就我的了解,他所说的转变原因,除了对故乡生活的回忆,最为深刻外,其他的都是外缘。真正的原因,是中国文化,乃在忧患中形成,也只有在忧患中才真能感受。他这几年正陷在深刻的忧患之中。

在四天中,他又谈到哈佛大学中的某一部门请他去做研究工作,但还没有拿到出境证的问题,问我有无办法。我说:"他们所以如此,是怕你在美国骂他们。你对这一点怎样?""在国外绝不会骂他们,这完全是他们不了解我。"我十分相信他说的是真话,便向他建议:"你最好直接写一封信给某君,他应当有此智慧。"他接受了我的意见,并说我与某君是老朋友。我告诉他:"政治圈中没有老朋友不老朋友的问题,但你若要我写一封信,我便以最负责的态度写。"事情一切照办了,他依然没有出去。但当他要退回不准开课的台大聘书时,我曾力加阻止。

三

自此之后,我经常惦念着他。但为了避免不必要的麻烦,又一直没有去看他。今年 6 月末,我参加台大哲学研究所毕业生的口试,知道他因旧病复发而进了医院,我赶去看他时,他已回家休养。8 月初我去看他,为了给他以安慰,向他说:"不论如何,你所表现的一种反抗精神,在中国长期专制的历史中是非常可宝贵的。仅这一点,也可使你不朽。""我不是反抗,而是超越。我希望徐先生也要走超越的路。"我了解他所说的超越的意思,笑着说:"我也早超越了,只是超越不了汉奸。"

他和我热烈地谈到文化问题。他向我说:"我们不能说雅斯帕斯(K. Jaspers)不懂科学。但他有句话使我震惊!他说:'即使知道了一切科学知识,对人的自身依然是一无了解,一无帮助。'"他由此滔滔不绝地谈到不能仅以科学来代表文化,不能认为没有科学时代的人的生活即是不幸福。科学成就对人类之为祸为福,尚很难断定。最重要的是人生价值问题的解决。他说:

"许多讲中国文化的人,极力在中国文化中附会些科学,这实际是把科学的分量估计得过重,以为中国文化中没有科学便没有价值。实则中国文化中即使没有科学,并无损于它的崇高价值。不过对中国目前情形来说,以严格的方法来界定知识,检别知识,当然是重要的。"诸如此类的话,说得很多;都表现出他很高的智慧。我劝他把这些意见,不要用论文的方式,而只用语录的方式写了出来。他说:"现在天气太热。决心从10月1日开始写。"又说:"我希望还活五年,完成对中国文化的心愿。"我听后心里非常酸楚,他的病情怎能拖到10月1日? 怎能还活五年? 好在我对他的提议,他终于要他的学生陈君鼓应,零星地记录了一些。我曾向几位朋友说:"海光因为对学问的真诚探索,到现在,他的思考、体认开始进入到成熟的阶段。假定能再活二十年,必定有很高的成就。他得这种病,是我们学术上的不幸。"后来有位学生把我的话转告他,他在床上痛哭了一阵。

四

8月25日,陈君鼓应送来由殷先生口述,陈君笔记,并由殷先生签名的一封信。这可能是他最后写给朋友的一封信,所以抄录在下面。

佛观先生:

八月十五日清晨,先生所提出在专制政体下纯理思想难以伸展的问题,颇激起我对于这个问题的思索,甚为感谢。

八月十二日,先生偕唐君毅先生来舍探病,引起我对当代智识之士的若干基本问题的思考。唐先生所树立的为儒门风范,所成就的为道德理想,而非知识。以他的学术资本,思想训练,和个人才力,显然不足以完成他所要达到的目标和规模。古往今来,道德的奇理斯玛(charisma)人物,往往如此。

相识二十多年,先生为光提到时常所厌恶的人物,但亦为光心灵深处所激赏的人物之一。这种矛盾,正是不同的生命火花激荡而成。一个时代创造动力的源泉,也许辩证地孕育在这一歧异中吧!

现在,复兴中国文化的叫声似乎颇大。然而一究其实,不过空泡而已。在我看来,对于中国的历史、社会、文化的认知,尚是一大片未曾开垦的处女地。这有待真才实学之士的奋发努力。"山穷水尽疑无路,柳暗花明又一村",就现实情况看来,今日若干知识分子的处境,似乎天小地狭;但是就开辟观念和知识的新天地而言,则无限无穷。

今日有心人最重要的事,在于树立一超越现实的自我,对外界的成败毁誉,颇可不必计较。际此是非难辨之世,吾人必须学习隔离的智慧,抖落一切渣滓,净化心灵,然后跨大鹏之背,极目千里,神驰古今。但又同时能如现代的探矿师,对于中国历史文化的发展形态及去脉来龙,能有真实的了解。先生如能将认知模式稍加调整,也许在这方面可能作进一层次的努力。

光现与癌魔奋斗,在不久的将来,果能康复,希与先生倾谈上下古今,并请我吃脚鱼与鳗鱼。一笑!

谨祝

康乐

　　　　　　　　殷海光　一九六九年八月二十四日

我读完他的信后，更为他求生的热忱而感到难过。

五

　　大概是 9 月 7 日或 8 日（我没有记日记的习惯，而记忆力又差，所以对日期记不清楚），我知道他的病情很恶化了，便再赶去看他。敲开门，殷太太说："他完全不能讲话，讲话后就增加痛苦。"进去后，我和殷太太都不要他讲话。但他坚持"徐先生来了怎能不说话"，他便断断续续地说：

　　"牛顿曾说他的成就，主要是他能站在巨人的肩上。你和唐先生、牟先生，对中国文化都有部分的功绩；但在站在巨人肩上的这一点上，还嫌不够（他接着举出两个美国社会学家的著作）。中国文化，不能凭借四个人的观念去把握。第一是不能凭借达尔文的进化观念。这个观念把许多人导入歧途（按：中国文化，主要在成就人生价值；表现为道德、文学、艺术。这都是不应以进化观念去衡量的）。第二是不应该用康德的超验观念（按：康德正是由西方文化通向中国文化的巨人。假定殷先生再活三五年，便会修正这一意见）。第三是不能通过黑格尔的体系哲学（按：这有一部分是对的）。第四是不能通过马克思的思想。中国文化不是进化而是演化；是在患难中的积累，积累得这样深厚。我现在才发现，我对中国文化的热爱；希望再活十五年，为中国文化尽力。"因为怕引起他更多的话，所以我只静静地听他说，并用手势希望他不要再说。他的话刚告一段落，我就走了，以便他能好好休息。他大概是 9 月 12 日晚再进台大医院,我 13 日去看他,眼睛已是经常闭着。但当我告诉他"我有生之年,不会忘记你在信上所寄予我的期待"时,他还从嘴角露出一丝微笑。14 日去看他时,他已像一副骷髅躺在床上。15 日夜晚去看他,他精神却好多了,我怀疑这即是所谓"回光返照"。16 日没有去,他便在这天夜晚死了。

中国二千多年,知识分子一直在法家所提倡的赏罚二柄的驱策之下,绝对多数渐渐变成了软体动物。其特性,只有食色的享受才认为是真的,任何知识,任何价值,都觉得是假的。不仅不容易发现一个人格上能自知爱重的人,也不容易发现一个在学问上真能尊重知识、追求知识的人。殷先生在学问上尚未臻成熟,并且对文化、政治的态度,常不免过于偏激。但由他的硬骨头、真热情所发出的精光,照耀在许多软体动物之上,曾逼得他们声息毫无,原形毕露。他由学术上的科学一元论,转变为科学价值的限定论,也是说明他对学问的热情与诚意。他对唐、牟两位先生,始终存有误解;他未注意到他转变的方向,正是唐、牟两先生历年来的主张,即是必须在经验法则中成就知识,但仅靠知识并不能建立人生价值,更不能代替人生价值的主张。不过他更瞧不起文化绅士们所信奉的镇山神。他曾强调个人主义,但痛恨自私自利的人物。他把自己的尸体捐献给医院,这是他尊重科学,并把科学和爱心连结在一起的证据。我已经老了,在学问上能作进一步努力的可能性不大。但我希望后起有志之士,能从殷先生做人的品格上启发自己对国家民族负责的根基;能从殷先生在学术的转变上,把握对学问探索的热诚与方向。我于此,祝殷先生永垂不朽。

对殷海光先生的忆念

徐复观

殷先生死后,我曾写过一篇悼念的文章,古人谓"既念逝者,行自悼也"。乃补写此文。

一

二十年来,在文化思想上我所遭遇到的最大的麻烦,多半与殷先生有关。但即使在我们敌对最尖锐的时候,因为他不被威迫利诱的风骨,也使我内心敬重这样一个文化上的敌人。两年以来,我们又化敌为友了,更使我感到这决不是一个寻常的朋友。他得的是必死的绝症。有三点是在他死了以后,使我更感到这是我生命的一大创伤,学术界的真正损失。

第一点,在得到他的死讯时,我曾绕室仿徨地自言自语:"今后的生活更寂寞了,再没有一个可以谈天的人了。"这话当下被我的太太听到,立即责备我:"你怎能说这种话! 你说这种话,对得起其他的朋友吗?"我太太的责备是对的,并且我决没有减轻其他朋友在我精神上的分量。我的自言自语,只是在语意上没界定清楚。我真正的意思是说:"今后再不容易遇见可以剧谈深论的朋友了。"我和海光的情形,要便是彼此一想到就涌起一股厌恶的情绪;要便是彼此大谈大笑,谈笑得恣肆猖狂。假定我们精神中也藏有干将莫邪的光芒,只有在我们的对谈中,才真能显现出来,使一般人不可逼视。尽管彼此的话,都有彼此不能完全同意的地方,但彼此生命的躯壳,常常被彼此的谈锋所拨开,因而闪出彼此生命本质的精灵,随着谈锋而互相照射,便自然而然地发出一阵一阵地,可与孙登长啸相比的大笑。这一点,海光只能得之于我,我也只能得之于海光。在他死前约一个月左右,当我劝他把向我所说的话记录出来的时候,他说:"这些话,我只能当着徐先生面前才说得出来。旁人来看我,谈上两三句便疲倦了,没有机缘能引出我这些话。"他这里所说的,我也可以转用。惠施是庄周一生最大的论敌,《庄子》一书中有几篇重要的文章,皆以与惠施的辩论或对惠施的批评收尾。但当惠施死后,庄周却深痛"臣之质亡矣"——我现在才真正体验到庄周的心境。

第二点是他临死前一两年的文化转向,是一件了不起的大事。他的性格和思想,是以现代科学的巨力为背景,趋向偏急的一路;他要举着科学的大旗——这在他,乃是逻辑实证论,要摧毁中西正统文化的一切,改造一切。而这也是他能在青年层中得到声誉的重大因素之一。但因为在他的勇气中有追求学问的诚意与毅力,他便自觉地摆脱由声誉而来的枷锁,接受新的观念,酿出新的动向,以深入人生人文的新领域,并公开说出他过去文章中的许多错误。由陈君鼓应所编印的《春蚕吐丝》，只是他挣扎于生死之际所吐露出的一小部分。有人说他虽然提倡自由民主，但他自己却有一些极权主义者的性格，也或许是真的。不过由他这一思想的转变，也必然会影响到他性格上的转变：因为他的思想是转向生命的自身，也是从生命自身深处所转出。当然有人会说，他转变所得到的，站在人类正常的文化大流来看，也极为寻常，也极为有限——这话不是没有道理。但我们只要想到，胡适先生在二十多岁时写的《中国古代哲学史》，到六十多岁在台湾重印时，不仅不曾改动一个字，并且也不曾对自己少年之作表示一点不满；当1952年《自由中国》的青年以最大热情欢迎他的时候，他依然当着大家背诵他三十多年以前的《红楼梦考证》和杜威的《知识论的入门》，并把他的老秘书毛子水当众宣称"这是当代圣人"。李济先生在三十岁左右写了几篇田野报告，到了七十多岁，还以为那点从锄头上出来的东西，就是史学的一切，就是人文学科的一切，凡是他所不了解的学问，都是他所不承认的学问；连考古学上的进步，也闭目不睹，而公开宣布只有地下掘出来的才是"实证的历史"，此外则都是"想象的历史"。其他所谓国学大师，年轻时以玩弄小聪明起家，到了七八十岁，还在玩弄着已经失掉了少年才气的小聪明、小花头、小把戏。由于这些人缺乏对学问探索的真诚，便以浮名虚声为学问；便一生一世，陶醉在浮名虚声之中；于是由他们自身不进步，实际是在退步，而阻碍到整个学术的不进步。从此一角度看，海光在学术文化上的转变，对一个人的自我形成，及对学术风气的突破，实含有伟大的意义。

　　一个人，当然含有许多弱点，好胜、负气，以及在战斗时对敌人运用若干机巧,海光何能避免?但人格和学问的形成是一样的;学问是在层层突破中向上伸长,人格也是在重重考验中向上完成。问题是要看这个人有没有这种学问与人格挣扎上的历程,我们要从一个人的历程中观取他的大方向。以某人历程中的某一个弱点来概括某人的一生,我认为是不大公平的。

第三点是他临死的情形。他知道胃癌复发是绝症,但直到最后,他不放弃求生的希望,这是没有什么的。我从他的学生口中,早已知道他在服用中药,但因为他过去曾强烈地反对过中药,所以在我面前一直对吃中药的事加以掩饰;等到他太太当我面前露出来了,他才说"现在是中西并进"。这只表示他的特殊的个性,也没有什么。但他在非常痛苦的情形之下,始终能忍住不哼不叫;并且一息尚存,尚专心致志地思索学问上的问题,这便是了不起的事。《论语》记曾子临死时从容平静地告诉他的学生"启予手,启予足,而今而后,吾知免夫"的一段话,我以前不能了解他的意义,现在才体悟到这是曾子的整个生命,完全沉浸于"孝"的理念中的流露。从这种地方,也可见到海光对学问的热情、诚意。

二

1944 年,我以军事委员会高级参谋的名义,调到参谋总长办公室里办公,家住在重庆南岸的黄桷垭。曾充广州兵工厂长(这在北伐前是一重要位置)的夏声先生,此时也是军委会的高级参谋,也是住在黄桷垭。我与夏先生是邻县,有一次我去看这位夏先生(后来夏先生成了海光的岳父),遇见穿一身又旧又脏的军服,身材瘦削,见人很矜持的一位青年。夏先生介绍说,这是"我的同乡殷海光先生,从西南联大去参加青年军,现在刚到重庆来"。我便和这位青年攀谈起来,发现他的语言简练有力,意志很坚强;而且和我谈到法国大革命的若干情形,我感到他有相当的学养。劝他把自己的观点写出来,他便拿出一篇文章给我,约定以后再见面。我回家看了他的文章,挺拔振踔,很合我的脾胃,以后便常常来往。他此时大概在独立出版社有一个编辑名义,待遇微薄。他当时的兴趣,完全在理论斗争方面,比我激烈得多,根本没有谈到自由民主等问题。我和他开玩笑:"你的样子和说话神情,倒有点像希特勒。"他当时并不拒绝我这种说法。1945 年春,海光曾因我的推荐会见了当时的最高当局①。后来我问及会见的情形怎样,他只冷漠地说"没有什么"。最高当局以后看到我时,也没有再提到海光,我便知道这是机缘不契,彼此都没有深刻印象。

三

1946 年春,我复员到南京,海光在南京和后来办《人生》杂志的王道先生住在一起,似乎没有什么工作。后来我和上海商务印书馆合作,办一纯学术性的月刊,名为《学原》。编辑委员多半是留德的几位先生,把调门提得很高,我和海光都没有资格在上面发表文章,但我常以"稿费"的名义送些零用钱给他。因我的关系,他又认识了牟宗三、唐君毅两位先生。与唐先生大概没什么往来,与牟先生往来得相当密切。当时金陵大学文学院长倪青原

---

① 　此处为作者误记。1945 年春殷海光还在印度服兵役,他见蒋介石是在 1946 年。

先生,也是《学原》的编辑委员;海光学逻辑实证论的业师洪谦先生,1947 年由英返国,经过南京赴武汉大学讲学,海光当然曾和洪先生见面;《学原》曾请洪先生吃饭,倪青原先生当然在座。我的推测,洪先生可能向倪青原推荐过海光;但促成海光到金陵大学教书的则是牟宗三先生。

我竭力向有关的人士为海光揄扬,终于他能进《中央日报》当主笔。当时国民党的组织松懈,我也不知道海光是否系党员。有一天,海光到我家来,说他决定正式加入国民党。我当时觉得他原来既不是党员,能不加入便不必加入。我告诉他:"站在我的立场,当然希望你加入到党里面。但以你才情的犀利,若保持一点距离,或者可以相安下去。一旦加入到里面,结果会很糟的。"他当时对政治的兴趣很高,我曾力劝他应先在学术上有了成就后,再参加政治。放下学术去弄政治,可能会两面都落空。我的这些意思,他当时都不能接受。

四

1949 年逃到台湾,我决心与现实政治保持距离,以便能在文化思想上用点力量,这是我办《民主评论》的基本用心。民主评论社成立之初,在台北市长安西路顶有一栋狭小的日式房子,作为台湾分社,并成为几个朋友经常托足聊天之所。牟宗三先生当时便住在里面。海光是《民主评论》的基本写作人,当然来往得更密,下象棋的棋声和喧笑之声,终日不绝。我始终认为海光应在学术界中立定,所以在 1949 年春天,我到广州乡下黄艮庸先生家里去探望熊十力先生时,请熊先生向沈刚伯先生写封推荐海光进台大教书的信,并由我拿着信去看沈刚伯先生。此事虽没有结果,但与海光以后进台大,也可能有点线索。到台湾后,大家对政治的看法,似乎不约而同地有一个新趋向,即是认定只有民主政治,才可解决中国的问题。就我个人来说,在 1940 年以前,我的思想,受马、恩的影响比较大;到了 1940 年以后,我虽然放弃了马、恩的一套,但对民主政治并无了解,并无信心;到了 1949 年,我才由"中的政治路线"摸到民主政治上面,成为我后半生政治思想的立足点。海光当时偏重于以"经验论的自由主义"(此系我临时造出的名词)反极权主义,他很讨厌"理性""道德""历史文化"这一套东西,因此,他对《民主评论》不满的情绪,一天增加一天。我家住在台中,每来台北一次,便找他谈一次。开始由他发一顿气氛上的牢骚,我再向他作一番解释,他的不平之气再慢慢平下去,再为《民主评论》写文章。当时老友傅光海先生也寄居在《民主评论》分社里面,他有次向我说:"看你很用力将就殷海光。但我看,你们的友谊很难维持长久。"当时比《民主评论》稍稍后一点出现的刊物有《自由中国》,发行人是胡适先生,实际负责的是雷儆寰先生。他们一开始便声势浩大。海光渐渐地走向《自由中国》方面去,与《民主评论》一天一天地疏远。在友谊上,他和张佛泉、徐道邻诸位先生成为密友。我们虽渐少往还,但他对我始终是很好的,并常常向着人说"台湾有两个人死不得,一个是张佛泉,一个是徐复观"。他看到我的《文化与政治》《为生民立命》这类短文章时,曾特别鼓励他的学生阅读,并要他的学生来看我。

五

我们正式没有来往，是为了他在《自由中国》上发表了一篇大骂牟宗三先生的文章。我的观察，他对牟先生的敌视，不纯是为了学术上的派别，而是在与牟先生来往之间，牟先生于不知不觉之中，把他当学生看待。有一次，他向牟先生提出问题，牟先生曾给他一封信，劝他在学问上应当转向等等，引起他很大的反感。后来有位朋友特别告诉我"殷海光得了重病，不死掉，也会影响到他的脑神经"。当时我们的友谊虽已中断，但并不希望他死掉，所以立即寄了一笔钱给他，劝他好好诊病。不久我到台北，特到他在松江路的住所去看他，见面又谈得很愉快。他的病情并不严重，而且快要恢复了，送我送得很远。我极力劝他在养病时可以看点中国书，他问："看什么呢？"我劝他读《孟子》。他在这次谈话中，批评到胡秋原先生，说："他谈什么哲学。"我劝他说："秋原读书很博，你对他不应轻下断语。"他不很以为然。由《文星》所揭开的"文化骂战"，根子也可以说埋伏得相当久。

我们正式的决裂，是由他在《自由中国》写了一篇攻击唐君毅、牟宗三两位先生的文章，在这篇文章中，把可以用到的恶毒词汇差不多都用出来了。我看后非常生气，也就在《民主评论》上狠狠地还敬了一篇。在这以前或以后，张佛泉先生也有一篇口气较和缓而内容无大出入的文章，我也写了一篇文章答复。

六

后来《文星》的"文化骂战"开始了，战火逐渐蔓延到我的身上。有篇攻击我的专文,内容非常幼稚,我以为作者"黄富三"是《文星》编者的假名,便答复了一篇。假定事先知道黄富三是台大的学生,我就不会答复。当时我认为这只是由胡适先生说了"东方文化没有灵性"的话所引起的"崇胡"与"反胡"之间的战火,海光对胡适先生,并没有多少敬意;最低限度,他在我面前是这样表示的。所以这场战火,我根本没有想到海光身上去。并且在我答复黄富三的文章还没有印出时,胡适先生死了,我便赶到台北,找《文星》的负责人,一方面给他们一篇悼念胡适先生的文章,一方面要把我答复黄富三的文章抽回来不发表。当时我和胡秋原、郑学稼两先生,都希望因胡先生之死,把战火熄掉,但《文星》的人们坚持要干下去。烧到最高度时,有人告诉我,在后面指挥的是海光。于是这个战火由此直接烧到海光身上。海光以为我在后面支持攻击他的人——这是他上了旁人的当,我当时只支持对直接迫害到身上来所作的防卫工作,并不曾想到海光身上去。人与人之间的界线,虽然有时很难划定,但我始终有自己的界线,不过在当时我不能表白出来。当然,这并不说明我们彼此之间,没有敌视的心理。

　　这中间有一个可纪念的插曲。傅伟勋先生与钟淑儿女士结婚,我也到台北市中国大饭店参加他们的婚宴,吃的是西餐;恰巧把我和海光的坐位摆在长条桌的正对面。海光突然看到我,硬着颈子点点头,我勉强笑了一笑。坐下后两人没有话讲,都感到很尴尬。我想打破这种窘局,首先问他:"你的小姐长得很好吧?"因为我的经验,脾气再怪的人,没有不爱自己的小孩的。像这样的家常话问了几句以后,他恢复了过去相处时的表情。他突然问:"××学派成天讲考据,到底他们的考据怎么样?"我说:"一般而论,他们的考据,和×××的逻辑差不多。"他听了我的答复,不觉大笑起来——因为他过去提到×××的逻辑,大概总是以"胡说八道"四字来概括的。他又问:"为什么?"我告诉他:"考据根据的是资料。但资料依然要分析,要综合;而分析综合的过程,也可以说是一个推理的过程。他们反对思想,所以把这套基本能力,从他们的头脑中取消了。"他于是又大笑一阵。这一顿饭,一直大说大笑下来,忘记了此外还有百多位贵客。散席时他要我写的《中国人性论史》,返台中后寄一部给他,他也寄了一部著作给我。我曾给他一封长信,认为他所根据的自然科学的材料与方法,不能解答人的问题,并把我所看过的卡勒尔、卡西勒和一位由生物学讲人文主义的赫胥黎,及美国一位提倡"世界文艺复兴"的生物学家(忘记了姓名)的几部有关著作告诉他,希望他把观点矫正一下。他没有回信。

本来自此次婚宴以后,我们两人是早可恢复以前的情感的。可惜和我站在一条文化防卫战线的几位朋友,因讼事的困扰,而不断把火烧到海光身上。我心里并不以为然,但口里不能说出。自称为海光的一位学生,又不断向法院告了我五六状。我倒从来未怀疑过这是出于海光的指使,否则当1967年我由港返台时,我的讼事尚未结束,便不会去看他。但这种火爆的环境,迫使我们两人继续着断交状态。

当1967年6月底和7月中,我和海光很快地见了两次面以后,他在文化上的态度已经转变,对现实政治已闭口不谈;并承认由《文星》所发动的"文化骂战",使剩下本已无多的知识分子两败俱伤,并使知识分子中对政治社会可能从言论上稍稍尽点责任的,也被迫作完全的抛弃:"这一次真是最大的愚蠢。"海光的话,是千真万确的。尤其是台湾的司法审判,受政治的影响很大,持久的骂战,已经把大家的精力和对社会的影响力都抵消了,再打起官司来,对政治的影响力,便自然而然地有点像过去江南人对付五通神了。我曾经向胡秋原、徐高阮各位先生谈到海光的情形和意见,他两位都同意立即"休兵",希望能在文化上合作。谁知香港有一本刊物上面,发表了一篇捧殷骂胡的文章,本来发表已经好几个月了,不知由谁人辗转交到胡先生手上,里面对胡先生的说法有不公平的地方,于是将熄的火,又重新燃烧起来,而我也只有说声"天乎人乎"了! 在这段期间,海光当然不能了解到底我对他是怎么一回事。等到他癌症复发,我去看他,告诉其中的委曲,他也便坦然了。

七

我和海光,虽然我是浠水,他是黄冈,但相距不过十里左右,中间隔着一条巴水。我们两人,有若干相同的地方。首先是两人出身穷苦,幼年少年时代受到许多欺压,这便形成了精神分析学所指出的潜意识中的反抗性,脾气都有些怪而且坏。与我家也相距约十公里,与海光家相距约三公里的熊十力先生的性格,也可以作此解释。但我的家世是乡下的寒儒,而他的家世却是乡下的牧师,这可能与他的骨灰放在一间教堂里面,并曾由一位什么牧师借他的骨灰向人说了一大顿不相干的话和谎话有关系。我在东海大学待到第五年时,就发现某些人的传道实在就是说谎。所以海光死后的安排,是滑稽而可悲的。

　　其次,我和海光,都是不很信邪的人。对于任何刺眼的东西,有兴趣的话,便会把眼睛睁得大大地正视一番。对于有趣的学问,说闯就闯。任何学术权威,都要看看他的成色,称称他的分量。可惜我中年失学,而海光死得太早。就我们的性格,在中国任何空间,都是不容易生存的,除非民主政体真正实现以后。我能活到今天,海光能以癌症而死,都是由侥幸而来的大幸。海光抱着此一大幸,好好地"与造物者为人",逍遥在另一世界吧!

1970 年 2 月

悼念殷海光

牟润孙

　　海光指出，西方文明走向死胡同，而中国不进不退的淑世主义，方显其人生价值。这真是一个了不起的转变。他能说出这一番话，才不愧为这个时代真正有哲学头脑的大思想家。

　　殷海光今年 9 月 16 日逝世。当 17 日上午，我从报纸上看到这条消息时候，感到非常难过。

　　1950 年我进台湾大学教书，由于徐道邻和方杰人的介绍，我才认识了海光。虽然我并不研究逻辑，我读了他那些主张自由及反奴役反专制的文章，对他的议论和见解非常佩服。大约在 1951 年到 1954 年之间，徐道邻、张佛泉、殷海光和周德伟几个人常常在一起讨论哲学思想上的问题，有一个小小座谈会，我记得仿佛是每月举行一次，每次由一个人主讲。他们约我参加，我也讲过一次。我和道邻、佛泉都是极要好的朋友，他们对于海光极为推崇。海光论学极认真，态度十分谨严，而做人诚朴天真。有时中午下课，在台大文学院门前遇见他，我邀他到我家坐坐谈天——那时他还没结婚——他说："你请吃饭不请？如果不请，我就不去了。"我说："当然请，当然请！"于是去到我家吃一顿家常便饭，两人上天下地谈得非常得意。通常是我向他请教得益不少。

我住的房子顺着篱笆墙种了好多棵美人蕉，他看见说："太难看了，我家有开红花的美人蕉，长得又高，花又好看，我给你重新栽过吧。"说完不由分说，动手就拔，一霎时拔得精光。过了两天，果然把他家的蕉秧带来，亲手给栽上。他说："鸡粪是养花最好的肥料，我要种花很需要。"我家那时养了好多只鸡，他说："你们给我留一些。"我们就把鸡粪和了灰土凝成一块一块的块，包在蒲包里，存储起来。下次他来了，拿出来交给他。他坐在门口地上，把粪块拿在手中辟开看看捏一捏说："很好，很好。"拍了拍手上的土，进门坐下。恰巧饭做好，坐下就吃，并没有去洗洗手。那时大家都住日式的房子，进门要脱鞋，他的皮鞋永远不系带子，说这可以省事。有一次，我们全出去了，屋门锁着，街门只是扣上门环。海光来看我，一打开门，知道里面没人，自己开了街门，坐在院子里等，也不知等了多久，把我家院子里的草拔除了一番，然后走了。我们回来后，隔壁李太太说："学校派了个工人给你们拔草，直着眼向前走路，一脚踏在泥里。"那时我住在温州街，路的两旁有沟，市政当局按时派人把泥挖出来，以疏通流水，泥就堆在路旁，慢慢再运走，如果走路不小心常常可以踏到泥堆里。这种率真坦白的泥土气息，农村味道，在任何一个知识分子身上，我从没发现过。海光不仅治学，就是为人，也是超绝世俗的。

　　1954年，我要到香港应新亚书院之聘，和他谈起，他极力反对，他很郑重地说："你为什么加入那个集团？"而我因为钱宾四的坚邀和复观的劝促，我终于没听他的话，离开了台大。他对我个人始终仍然很好，而那时候港台待遇并不如今日之悬殊，否则他要骂我为了赚港币而来新亚了。

　　我到香港后，起初时和他常通信，我的学生去台湾，总是介绍他们去看海光，海光也有时介绍学生来见我。海光反对中国文化的议论，我本来不能同意，后来他愈说愈过分，等到他那本《中国文化的展望》出版之后，我为之十分失望。那简直像一个外国无知的人盲目胡说，真不敢相信海光对于过去历史和文化所了解的会如此浅薄。由此通信渐稀。有时我常想，如果海光专心治他的数理逻辑之学，不要讲什么文化，岂不甚好！后来他受到围剿，引起的原因，却又多出于误会，而且是别人的文章惹出来的祸，更让我觉得十分难过。我总以为一个专门学者，与其抱入世之心，希图以言论改善现实，倒不如尽力去研究自己所长之学，在学问上做出成绩来以贡献于国家，比较起来，后者更为有意义些。所以这几年，一想到海光的遭遇，我实在为之惋惜。而且他患了绝症，已在病中，仍然不断受人误会和攻击，益显得社会的冷酷和无情，我想不出说一句什么话可以安慰他。

　　他死后，复观来到香港，说海光临死之前不久自己曾去看他。他对复观说他对中国文化的观念已然改变，认为从前说的不对。当时我并没有细问复观，海光的改变之说究竟如何。昨天我在复观书桌看到海光学生陈鼓应君编的《春蚕吐丝》，是海光的传记，开头记录海光病中的遗言。我借来阅读了一遍,才知道海光在弥留之前,思想有极大之转变,对中国文化有了极深的认识,和以前大不相同,而坦白承认自己过去的错误。他学问的伟大,人格的崇高都在这些话里面表现出来,一直到最后,他所顾念的是中国文化。

海光说:

> 我现在才发现我对中国文化的热爱,希望能再活十五年,为中国文化尽力。

又说:

> 我的学问算不了什么,但我有超时代环境的头脑。三十年宝贵的经验,没有能够写下来,真可惜。这也是我不想死的原因。

又说:

> 我活不成了……其实,对于死这件事,我老早就想透了,看淡了,我的潜意识里都没有一点儿恐惧感。只是我死得不甘心,我的思想刚刚成熟,就在跑道的起跑点上倒下来。对于青年,我的责任未了;对于苦难的中国,我没有交待!

这是何等的精神,何等的气魄!他明白了他既然有了这样的学问修养,应当尽他的责任。这分明是孔孟以来真正儒家的以天下为己任的精神,而没有一丝一毫虚伪。

海光说:

> 我是一个头脑复杂而心思单纯的人。

又说：

> 我是最少被人了解的。许多人认为我苛求、骄傲。但我对自己却更严格，更苛求。
>
> 我最大的特质就是能否定自己。我觉得我以前所写的东西，都没有什么内容，仅仅是我的心路历程中的一些记录。生命是不断奋进的过程，一个知识分子更应该如此。

坦白承认自己过去写的文章不成，否定自己所认为好的、对的意见，这种不护前的精神，勇于承认错误的道德，在现代知识分子中，我从没见过有一个像海光这样勇敢的人。

海光说：

> 文艺复兴后的西方人的基本人生态度至达尔文的进化论影响后的进步主义。这受经济起飞和技术的助长，乃有现代人的狂热生活。他们所成就的乃是物欲文明，富有刺激性，给人直接的便利；表面极其繁华，但内层却是凄凉、仿徨、失落的。暖气室里住的尽是一个个冷冰冰的人。

又说：

> 现在最令我忧虑的问题是，这个世界的技术越来越强，而人的道德理想却越来越败坏，人的心灵却越来越萎缩。唉！真令人焦虑。

又说：

> 许多讲中国文化的人，极力在中国文化中附会些科学。这实际把科学的分量估计得过重，以为中国文化中没有科学

便没有价值。其实中国文化即使没有科学,并无损于它的
价值。

这些言论真是针对着过分重视科学技术、极力追求物欲的现
代文明一个当头棒喝,现在人类的真正危机就在于此。海光虽然
没有写成他要写的书,但他已经说明其中主要点。

他说:

> 中国的人生态度的基本的价值取向:既不进又不退。中
> 国人好称古远,效法祖宗,现在看起来是很令人感到可笑的
> 事。因为我们现在的时代精神是进步主义。以至于中国被
> 迫放弃原有的价值取向,弄得大家积非成是。……"进步"
> 本身其实只是一个程序而已;本身并不是价值,只是一个演
> 变的程序而已! ……现在这些科学技术家究竟可以产生什
> 么样的结果? 这无非是制造紧张,制造繁忙,制造污染的空
> 气,或者把人类的占有欲带到遥远的星空而已。

> 这样回想中国传统中那种既不进又不退的淑世主义,方
> 显彰其人生价值。中国人的崇古法祖先,真正的意义只是把
> 我们的生活价值、行为模式定着在一个标准上,也可以说是
> 一种价值理想的投射。所谓法古,并不是要我们回到六千万
> 年前像小耗子一样的人类去,也不是要我们恢复到旧石器那
> 样古老的境地里去,而是如雅思培(Jaspers)所说的"极盛的
> 古典时期"。那是三千年前左右,为人类文明成熟时
> 期。……也许有人觉得二十世纪六十年代比三千年前好,试
> 问好在哪里? 就人生价值,道德理想,认同的满足,生活的温

暖,心灵的安宁,人与人之间的守望相助、友爱合作来说,好在哪里?

……在进步主义的观点下,所谓"好"无非是指技术的精进,技术的精进除了带给人物欲的满足外,使人有更多的幸福吗?使人有更高的精神吗?西方文明走向死胡同了。

海光指出西方文明走向死胡同,而中国不进不退的淑世主义,方显其人生价值。这真是一个了不起的转变,他能说出这一番话,才不愧为这个时代真正有哲学头脑的大思想家。海光有他了不起的智慧而且不断地思考,对自己苛求,永远保持独立思想,终于最后爆出灵感火花,才能达到这个境地。最重要的是他永远服从真理,从他给复观的信和评论复观的话中,就可以看出。我觉得那些话非常难得也极其恰当(我想复观应当同意)。复观曾经很不客气的批评过海光,海光仍然佩服他。他给复观的信中说:"相识二十多年来,先生常为海光提到时厌恶的人物之一,但亦为海光心灵深处所激赏的人物之一。"这就可以说明他服从真理的态度。复观所写讨论古代封建政治和汉代专制政治的历史文章,十分精彩,为多年来未曾有过的历史论文。我想海光对于复观之肯揭发中国专制的弊害,以及知识分子在专制政治下如何的受摧残以致丧失其尊严的说法一定极其赞同,很可能对于海光了解儒家文化有极大帮助。

海光是一个面对现实的人,大约在 1955 年的时候,海光曾经应哈佛大学之邀到美访问一年,哈佛大学想留他教书,他却坚持要回到台湾。如果他那时能留在美国,也许后来这几年就不会牵连上许多不必要的麻烦,甚至可以多活几年。

　　刚刚成熟,有清楚头脑,受过严格训练的哲学家,抱着讲明中国文化,想沟通中国传统和西方自由主义的伟大志愿,在刚刚过五十岁的年龄竟然死去了,这真是中国也许可以说世界上的一大损失。

　　我尤其痛恨我自己的无知和疏忽,为什么不能在他死之前,今年经过台北时去看看他,我跟他枉作了一番朋友,而最后终于没有了解他,这真是无法宽恕的过失。我虽然比他大十岁,可是我的学问比起来未免太渺小了。今年我是第三次去美国,看到他们追求物欲生活的危险,看到他们生命的空虚,回来后对复观说:"梁任公《欧游心影录》和严又陵晚年给友人的信,都表示惟有孔孟之道可以救今世(大意如此),以致受到许多人的攻击。我现在认为梁、严二氏说的极是。"及至看到海光的遗言,才知道他看得比梁、严二氏透彻得多,他说得比我说得清楚得多。我回来后未能去和他一谈,真是万分遗憾。惟有以我有生之年,为我的学问去努力,以示忏悔,以向后世交代。海光虽死,海光的精神,常存在天地之间,也永远在我这个不长进的朋友所怀念中。

我的朋友殷海光

许冠三

一

自从"雷案"发生(1960年9月),海外的朋友们就开始为海光担心。在先是关心他的安全、自由,怕他也会被牵入什么案件中去,然后,像雷震一样,被送到"最安全的招待所"去。幸好,这只是多余的忧虑。"雷案"的重点仅限于雷儆寰先生个人和《自由中国》杂志,《自由中国》既然已因雷氏入狱而停刊,台北当局也就适可而止了。

其后,朋友们都在思疑,海光会不会遭到其他的迫害,特别是精神的、心理的迫害。由于台湾大学是"国立"的,我们也就自然联想到"解聘"或"变相解聘"之类的迫害方式。结果,这证明又是多余的忧虑。有些朋友还说:"台北当权派毕竟是进步了!"同时,台北来人也经常带来"殷海光教授平安"的消息,只是这几年已缄默寡言。报纸、杂志上再难见到他的文章,甚至,在台大内部的公开的讲演也少了。有些青年朋友揣测,他大概是接到了某些方面的"忠告"。尽管如此,他依然是台大最叫座的教授,是热心追求真知、心灵活泼的青年学子崇拜的偶像。据说,为了避免耳目,有些学生是在夜深人静时爬墙头去"私会"他的(殷宅左右经常有人巡逻)。

前去两年,台北传来"蒋经国请殷海光吃饭"的新闻。据说,蒋先生对他这几年的埋头著述颇为嘉许。去年秋天,海光的一个学生从台北来,证实了这个新闻。这位年轻的朋友还告诉我,海光这两年的课余时间泰半花在两本学术著作上,一是《中国文化的展望》,一是《中国近代思想史》。写作之余,以种花、养鱼、养鸟和其他的小动物自娱。这两年特别喜欢狗,每出门散步必牵其爱犬与俱。据传他曾对人说,他特别喜欢狗,是因为"狗最听话"!

"海光既是蒋先生的席上客,总可以放心了吧!"于是,我们一班朋友自然将关注转向期待,期待他的两本大著早日问世。我个人的期待尤为强烈,因为已等待得太久了。早在《自由中国》杂志停刊之初,一班爱护他的朋友就如此期待了。名教授,名著作,两者相得益彰,我们就是从这个角度对海光有所期待的。果然,不负所望,他的《中国文化的展望》在今年1月问世了(请参看节七)。他还托一位青年朋友给我送来一部,内附短笺一纸,希望我在读后提一些意见。一位年长的友人听我提到这本书时,还语重心长地说:"海光终于走上正路了!"

仅仅是一个月前,一位应台大之聘,前往教授历史哲学和史学方法的外籍友人过港时，我们还谈到海光。他问我："台大的教授当中，有谁可以谈谈的？"我立即向他推荐海光，并且告诉他，海光在台大哲学系开了一门历史知识论的课程，我的《史学与史学方法》是他指定的必读参考书。同时，我又告诉他，自1961年起，他就着手在写一本英文的"Metahistory"（"历史后设学"或"历史哲学"，或"历史知识论"），也许已经写完。我还一再叮嘱这位史学教授一定要去拜访他。

不料，事出意外，就在海外知识界全神注意于以清算吴晗、邓拓为第一个高潮的"文化大革命"时，我们担心多年的事终于发生了。这位一度被誉为"自由中国"之"自由象征的象征"，已遭变相解聘，至少已有一条腿被人拉出台大的校门（海光尚有一年聘约未满，但已停止开课）。台北警备司令部同时还明令查禁他的《中国文化的展望》，理由是"违反中国文化精神"！

二

海光是淮海战役结束前后（大概在1948年底，确实日期不记得了），以《赶快收拾人心》一文成名。这是南京《中央日报》的一篇社论。社论本是不署名的，可是，一经《大公报》转载，立刻为士林所传诵，于是，殷海光之名不胫而走。京沪一带的知识界人士，每每以这篇社论和傅孟真先生的《这个样子的宋子文非走不可！》（原载1947年3月南京《世纪评论》，此文曾由《大公报》《观察》周刊先后转载）相提并论。当时海光任南京《中央日报》主笔，一度代总主笔，并兼任金陵大学副教授，行年不及三十。我就是在这时候知道有殷海光这个人的。

海光所以能在一夜之间名闻全国，就是因为他说的是中国人要说的话，是一切讲大是大非爱国的知识分子的话，不是一家一姓、一党一派或一个阶级一个利益集团的话。当时的《大公报》所以转载这篇社论，正是基于这个理由。

《赶快收拾人心》一文是海光一生的转捩点。在这以前，有一个相当长的时期，他是一个忠实的国民党员。他曾响应党和总裁的号召去青年军充当列兵，他曾不只一次地为党的革新写万言书。他甚至一度迷恋于"法西斯"运动，愿为"领袖"效忠效死。据一个联大的朋友告诉我，他曾收藏并熟读希特勒的《我的奋斗》，中文、英文、德文三种版本都有。

淮海战役的炮火粉碎了海光的迷梦。在下关难民的哀号呻吟中，海光发现了自己，发现了个人的价值和尊严。他开始走向民主的征程！

三

我认识海光是在 1949 年春，那时，他刚到台湾不久，住在台北近郊士林镇乡间《中央日报》的宿舍里。他当时仍然是《中央日报》的主笔，由于报纸还未复刊，只是坐领干薪，终日闷得发慌。我还记得那是个晴和的下午，我们一行四人闯到了他那货仓式的住所。海光睡的好像是一张行军床，室内室外陈设凌乱不堪，恰似当时大局的缩影。这大概也或多或少地反映了主人的心绪。

缄默，寡言，与人相对时多低头沉思，甚至，在说话时也很少面对来客——海光一望而知是个爱思想的学人。可是，话匣子一打开,他的议论就会滔滔不绝,犹若长江大河。虽是第一次会见,我们就谈得十分投机。那时,大家都还年轻,免不了三分狂妄,自然是上下古今无所不谈。在长约三小时的聚会中,主人发言的辰光占了差不多一大半,客人这一方面只是提出问题,不时,在他的议论中插一两句补充、说明或询问,主客间的对话大概是围绕着下面两个中心:(一)国内外大局的展望;(二)知识界,特别是青年知识分子,今后该做些什么? 又能做些什么?

不过,限于学养和气质,我们的讨论始终未离开思想的范畴。不错,我们是在离乱之世长成的,八年抗战、三年内战的苦难,驱使一切爱国的人关心政治,可是,我们毕竟是"书生",摆不脱那点"头巾气"。海光个人尤其厌恶现实政治,对政治斗争有莫名的恐惧感。如果说,中国知识分子是住在"象牙之塔"里的人,海光应该是最高那一层的住客。海光认为:今后大家应先学习思想,然后,再帮助一般人,特别是知识青年,学会思想。学习的第一步是接受逻辑训练,这是不二法门。

海光无形中成了我们一班朋友的"思想导师"和逻辑教员。他虽然比我们大不了几岁,当时我们见他总是称"先生"的。我在大一也读过逻辑,并且考试时名列前茅,不过,海光才是我在这方面真正的启蒙老师。向我指出批判思维重要性的是海光,引导我走向批判思维之路的也是海光。

不久,海光就应我们的邀请,前来尚在筹备中的《民族报》(台北《联合报》前身之一)担任总主笔,并且和我同住一个宿舍。我们在《民族报》共事的时间前后不到半年,他大约是3、4月间来的,到8月我们就一道离开了。

　　这段时光虽不算长,对海光和我来说,都是难以忘怀的。他首次结怨于国民党中的某一派人物,便是在《民族报》总主笔任期之中。我们联手对抗,一起败下阵来共同撤退。

四

　　8月间,海光和我先后进了台大。他在法学院教逻辑,我在校长室办公,跟傅孟真先生研究中国现代史。两人都算是回到了本行。由于工作性质不同,办事地点又不在一处,两人在学校里并不常碰头。可是,我们却经常在校外的两个场合会面,一是《自由中国》杂志的编辑委员会,一是我们一班朋友组织的无名座谈会。

　　《自由中国》半月刊是这7月1日创刊的,名义上的发行人是远在美国的胡适之先生,事实上,雷儆寰先生是主笔,社内社外,大大小小的事都由雷先生打理。以傅孟真先生为首的社务委员会只是个架子,只有在必要时在遇到重大事故时才开会,平常都是由雷先生和傅先生商量一下就算数。编辑委员会的骨干是王聿修、张佛泉等几位早年与胡先生合作过的北方教授,海光和我算是两名"新秀"。在初初开始时,海光对这个杂志并不很热心,我们对雷先生的评价也不能算十分好。海光和我总觉得,雷先生是顶个胡适的名字搞"统一战线",在背后,我们都喜欢叫他"各党各派",而不称名道姓。一班青年朋友,总觉得《自由中国》还不够劲,所以,开头,我也只是写写《论布尔什维克气质》这类不太有正面意义的文章;而海光呢? 最有兴趣的是书评,老不写"大文章"。海光变成《自由中国》杂志台柱,是二十世纪五十年代后期的事。

说起我们那个无名座谈会,可热闹啦!在我生平参加过的各式各样、大大小小的讨论会、研究会、座谈会中,就数这个无名会最富刺激性。进展固然顺利,效果也出乎想象地好。在这个会上,我们讨论过所谓"辩证逻辑"与"形式逻辑"、唯心论与唯物论、马克思的辩证唯物史观等等最火辣辣的问题。这个座谈会进一步激发了我个人对历史哲学的兴趣。不用说,海光是我们这个讨论会的灵魂,也是这个会的舵手。据我的记忆,海光每会必与,对朋友们的批评与指摘,绝不留情。他手操锋利的逻辑之刃,专砍发言人在论证与推理中所犯的谬误。

参加这个讨论会的朋友,前后总共不到二十人。除海光而外,还有四位学哲学的,他们个个才思敏捷,言语犀利,其中还有一位专攻数理逻辑。在我的记忆中,自始至终,就没有一次讨论会出现过冷场,与会的人,确实做到了有话必说,有理必争的地步。争论是家常便饭,争得面红耳赤的场面也不少见,可是,争完了就没事,谁的道理说不过去,谁就认输。从没有人记恨,或就此负气不再出席,更没有人就此畏缩不言。我们这个座谈会每隔一周举行一次,风雨无阻,通常是在晚饭后开始,十二时前结束。偶然弄到凌晨一两点钟。月下握别的景象,复给我们这个小聚会添上三分诗意。有时兴奋过度,几乎连明月在天,也都忘却了。

与会的朋友都有个共同的想法:这个座谈会不仅仅是个思想学习会,是个大家交换意见交流知识的论坛,而且,更要紧的,它是民主生活方式的一种体验与实践。而对海光说,这是个组织良好的逻辑讲习班。不论是在校内或校外,海光都是个严格的逻辑教师。

五.

海光不只要做台大学生的逻辑教授,要做朋友们的逻辑教练,还要做社会大众的思想教员。或许,他要做大众思想教员的瘾头,还大于台大的逻辑教授。他念念不忘的是如何教一般受过教育的人都会思想,能知道如何辨别是非,逼近真理。在二十世纪五十年代中,他先后写过两本通俗的思想读物,一是《逻辑新引》(香港亚洲出版社,1953 年),一是《怎样判别是非》(台北文星书店,1959 年)。后者是一本不到百页的小册子,对象为一般青年。在《怎样判别是非》中,海光指出,绝大多数人,都生活在常常披着真理伪装的力量支配之下而不自知,"神话、传说、权威、禁忌、口号、标语、主义、偏见、宣传、习俗、风尚、情绪"等,就是经常阻止世人接近真知的因素。海光的这本小册子,就是指导一般青年去揭穿它们的伪装。

海光另一方面的业余兴趣在传播民主、自由的理想。在《自由中国》杂志停刊前的十年中,海光经常通过它阐述民主、自由的含义,宣扬民主体制的优越。他在《自由中国》前前后后写过好几十篇论文,主题不外四个:(一)民主自由必胜;(二)民主既是反极权的目标,也是反极权的手段;(三)什么是民主,什么是自由;(四)如何实践民主。海光对民主的最后胜利有坚定无比的信心……

六

《自由中国》杂志停刊后,海光生活有了重大转变。我们的诗人哲学家失去了他的自由论坛。不到一年工夫,他已"两鬓斑白"!在这一年中,除"读书、思索、写作","跟小孩谈天、养金鱼"而外,他的全部精力都集中在教学和研究上去了。1961 年 9 月,一位友人转来海光的手函一纸——这是我们 1950 年春分手后,我第二次接到他的信——我从这封信得知,他当时研究兴趣在历史哲学,他还希望在这方面得到我的合作:

> 近一二年来,我对于历史的理论逐渐发生研究兴趣。除了西文的论著以外,我也想读些中文的有关作品。听说您有《历史与历史研究》(笔者按:应为《史学与史学方法》,自由出版社,1958—1959,上下两卷)等等著作。前些时我上街去购买,据说从前是有几种发售,且有盗印的事,现在已经没有了。我只有求助于原著作人了。凡有关此类的尊著,我希望你都赠送一种,尽早寄下,并请挂号。

海光还随函附来他的研究纲要的初稿,是用英文写的,这个纲要总题目为"Some Heuristic Remarks on Metahistory"(历史后设学刍议),已经写好九节:

1. Clarifcation of Terms(术语的厘定)

2. Metascience and Metahistory(科学哲学与历史哲学)

3. Scientific Method and Historical Study(科学方法与历史研究)

4.Particularity and Generality（哲学与概括）

5.Historical Facts（历史事实）

6.Limits of Documents（文件的极限）

7.The Linkage between History and Science（史学与科学的联系）

8.Confirmation（证实）

9.Explanation and Explainer（解释与解释者）

依他的原计划，第十节应为"The Language of History"（历史的语言）。

我立即照他的吩咐，寄去了我在这方面的有关著述。在回信中，我衷心地庆贺他的新动向，并预祝他的大著早日完成。后来听说他有一本英文著作在国外出版，可能就是这本"Some Heuristic Remarks on Metahistory"。

七

今年 1 月，《中国文化的展望》出版了。透过作者的序言，我分享了他大功告成时那份由衷的喜悦。他说："当我出发时，我像是我自己曾经涉足过的印缅边境的那条河。那一条河，在那无边际的森林里蜿蜒地流着。树木像是遮蔽着它的视线。岩石像是挡住了它的去路。但是，它不懈怠，终于打到了出路，奔赴大海，和百谷之王汇聚在一起。现在，我发现了自己该走的大路。我认为这也是中国知识分子可能走的大路。我现在看到了窗外秋的蓝天，白云的舒展，和遥远的景色。"

这本书的主题在"论列中国近百余年来的社会文化对西方

文化冲击的反应",并"以这一论列作基础","试行导出中国社会文化今后可走的途径"。然后,"再申论中国知识分子今后可能而且必须努力的道路及指向的归趋"。在读完这洋洋四十万言巨著后,我发现,海光的视野扩大了,他已走出了概念世界的象牙之塔,他不仅察觉真实世界的存在,而且对它作了分析。他不再一股劲儿只往西方看,往前方看,他也知道往中国看,往回头看了。在论及中国将来应走的道路时,他已在"民主、自由、科学"之外,加上了"道德"这一目,在五十年代的殷海光字典中,这两个字是找不到的。说到中国知识分子的修养时,他特别强调"德操",这是典型的中国书生之见。像一迷途知返的浪子一样,海光正逐步回向中华文化的大家庭。没想到,这本《中国文化的展望》竟以"违反中国文化精神"而遭查禁!

殷海光与王浩

居浩然

殷海光与王浩在昆明西南联大同学，也同系，当时哲学系的老师自金岳霖以下都看重殷海光而不看重王浩，王浩终转数学系毕业后又续获硕士学位，至美入哈佛大学研究院深造，两年后即获哲学博士学位，哈佛哲学系的老师认系不世出的天才。殷海光则在联大哲学系毕业后投笔从戎，抗日反共，忠贞不二，到台湾后虽在台大哲学系任教，志趣仍在救世济民，因此学术方面的成就远在王浩之下。王浩的著作属于数理哲学者（数理哲学的范围比数理逻辑为广）已成数学及哲学方面的经典，殷海光则无一传世之作。

这一事实说明了机遇对个人成就的决定性。过去有人以为事功方面的成就靠机遇，学术方面的成就则在天分与努力，于殷、王可知并非如此。海光的天分决不低于王浩，努力则有过之无不及。别的不提，只以英文言，海光能用英文写作全凭自修，而写出来的英文论文,可与王浩相伯仲,这就看出海光的努力。1947 年以来,我和殷、王都不时有接触,深知海光读书之勤及多,丝毫不逊于王浩,然而王浩写得出的论文海光写不出。海光的著作中只有一番悲天悯人的心情,并无逻辑或形而上学方面的创见。

不但如此,二十年来海光在台湾除曾一度游美外,全部生活限于读书与写作,他的思想可能神游六合之外,他的身体始终困守在作为书房的小天地中。王浩则不然,尽有时间参加读书写作以外的其他活动。1948 年春,哈佛中国同学篮球队远征耶鲁,队长是我妹夫张乃维,队员中就有王浩和我,论球艺王浩还在我之上。凡摸过篮球的当知道,能参加比赛先必需在篮球场上耗过几许时光。从这一角度看来,也可以知道生活上的调剂有益于运思。若是身体不能支持头脑作高度集中的深思冥索,自难有出人头地的创见,于此又是机遇的问题了。

台湾是人生始于七十的寿域,而海光夭折于半百之年,其生不逢辰,可盖棺论定。反过来说,假使海光加齐之卿相,得行道焉,将会如何呢?就学术方面言,恐只有更无成就,连《中国文化的展望》怕也写不出来了。就事功方面言,则应有一番作为,但与他口头或笔下提倡的民主无关。海光的气质属法西斯蒂型,侍上忠心耿耿,赴汤蹈火在所不辞。待下无商量余地,今天说二加二等于四,众无异议,明天说二加二等于五,也不容背后私议。这种气质怎么能谈民主?

海光讲民主而本身不成主,就像他不讲中国固有道德而立身行事谨守儒家德目一样,很少为人了解。中西文化论战的双方阵营内,复古派有的是既不通中学又不明西学的义和团思想分子,西化派则无之。反过来,复古派满口仁义道德,实际上三婚四娶,西化派则不讲仁义道德但确实从一而终。前辈如吴稚晖先生胡适之先生,后辈如海光王浩,其道德的高尚,复古派阵营内竟找不出一人。海光王浩的夫人都是贤妻良母,这是他们的幸运。只此一事,海光的机遇不逊于王浩,谨守绳墨至于怪僻,亦复相同。又因为同属怪僻,更显得妻子的贤慧和值得钦佩。

　　海光在台湾被诬为私通番邦,真是莫须有的罪名。诬陷者还虚构"费正清集团""文星集团"等名目,好像确有其事。实际上"费正清集团"只费正清一人,"文星集团"只萧孟能一人,一个人怎么能说是"集团"? 费正清远在美国,且不去管他,萧孟能困守台湾,我愿替他多辩白几句。萧孟能原不认识费正清,1964 年费正清访问台湾时经我介绍才初次见面。费正清的兴趣在收集中国近代史资料,萧则目的在销书,丝毫没有政治作用介乎其间。萧孟能办《文星》杂志,自始至终为独脚戏,他曾找人帮忙,例如夏承楹、陈立峰、胡汝森,都帮过他忙,但并没人说夏、陈、胡属"文星集团"。至于被说成"文星集团"首要分子的殷及李,均非萧孟能所能左右。就中李敖最与萧孟能接近,但那是银钱关系。例如《胡适评传》的稿费,李敖早就预支到第十册,印出来的只第一册。萧孟能紧紧钉牢李敖,就像犹太债主钉牢久借不还的倒账户头一样,无非想多少收回一点。海光和我,既不欠萧孟能的钱,也不欠萧孟能的情,更说不上同党或同志,我们和萧的关系只是作者编者间的友谊而已。将风马牛说成一个"集团",全出罗织专家的虚构,希望由于海光的早丧而从此没人再提起这镜花水月。

1962 年 9 月我重访哈佛,得知王浩已任讲座教授,主持电脑研究室,乃专诚前往请教。走到研究室,发现原是一幢大厦。当时的电脑或计算机体积都很庞大,三层楼高的大厦中主要部分只是一架巨型计算机,办公室反而成为附属部分,仅占大厦的十分之一左右。我绕着过道找到主任办公室,门上有玻璃,可见里面的一切。我从玻璃中望去,看见室内陈设极为简单,一张大办公桌放在墙角,办公时面墙而坐,大概为节省面积才如此与众不同地安排。最使我惊讶的是办公椅上坐着一人,历久不动,好像一个未通电流的机械人似的。我因事先没有约会,不敢敲门,只望着那比普通人大一号的后脑袋发怔。最后忍不住推门而入,那大脑袋闻声转了过来,果然是王浩!

同年 12 月,我从伦敦回到台北,专诚至温州街拜访海光。他的脑袋没有王浩那么大,而且头上白发苍苍,显得比我还老(实际比我小三岁)。那天我们所谈的和我在哈佛向王浩请教的内容相同,主要是先验(a priori)知识、后验(a posteriori)知识问题。大致说来,海光和我了解的在同一层次,王浩则显然高出一层。所以如此者又不能不回到机遇对个人成就的决定性问题上了。大学刚毕业时,殷王的脑袋虽有小大之分,脑袋里所装的东西半斤八两,顶多只是殷多一点心理学的知识,王在数学方面高出殷不仅一筹。大学毕业后王浩继续深造,既获博士学位于哈佛,又复任教于牛津,时有机会与世界第一流头脑接触,这就精进不已,在见解方面进入更上一层楼的境界。

具体说明可用"为学日益,为道日损"一句话。求学时只为吸收已有的知识,每年都在增加中。等到学成后深思冥索自立新论时,则必先求剔除别人已说过的陈套,这时候良师益友的接触至关紧要。譬如我自以为有许多独特的创见,举以向王浩请教。他三言两语,就剔除殆尽。某一见解已有某人说过,某一见解早经证明不能成立,惟有"损之又损"剩下来的一点点,才是具备放射性的镭锭。海光没有机会获得良师指点益友切磋,自只有遥遥落后了。

1961 年我在做过教授校长之后再到英国做学生,内心有一最大愿望是向罗素(Bertrand Russell)请教,却始终没有机会。第二年也就是 1962 年,罗素九十岁生日大庆,我买了入场券(入场券收入由罗素指定全部作为促进世界和平捐款)祝寿捧场,得见罗素并当面送上一篇论文请他指教,论文封页附有短简,希望他能赐一时间当面指出我论文的幼稚或荒谬处。隔了不久,收到退回的论文(原封未动)和一纸由他秘书代覆的短简,明说罗素对哲学已无兴趣,现以全部剩余精力促进世界和平,如有捐款,可寄百人委员会(罗素领导的反战反原子弹组织)。这一琐事充分说明机遇命中注定,无法强求。

我若在大学毕业之年(1938 年)留学英国,当能得到机会让罗素损我一番,甚或骂我一顿;若留学美国,则不难得到怀特海(A.N.Whitehead)指点,因怀特海就在哈佛任教。可惜我留学已迟,1947 年初到哈佛时,怀特海已病重不见客,不久辞世,故始终无一面之缘。我的机遇如此,海光更不如我。他自认为罗素私淑弟子,曾和罗素通信并获亲笔签名照片,这成为他书房中唯一装饰品,却总欠耳提面命。所以从阅读罗素著作和信札中得益则有之,损则未必。海光为学日益之功原不下于王浩,只因未能像王浩那样为道日损,终于学术方面成就有限,命也夫!

忆故人，忆斯人

沈醒园

自重庆分手之后，这二十年来，我们只在《人生杂志》的起初几年中和海光断断续续通过几次信，并彼此互赠生活照片，渐渐地我们忙于办《人生》，他也似乎提不起写信的兴趣了。贯之（即王道先生）在1960年赴台观光时还和他见过一面，我则一直未再晤及。所以，二十余年来的殷海光，对我差不多可说是陌生的，若要我谈谈殷海光的话，我的脑海里只会极自然而熟悉地浮起那个爱皱眉沉思，又会吵架辩论的瘦削青年的影子。他在我记忆中是那么年轻、倔强、有生气！

提到贯之和海光相识的因缘，不免联想到一件小故事。

是1945年吧，国民党开×中全会，贯之不揣人微言轻，在"无端撄世虑，不寐欲通宵"的心境下，草拟一篇建议书，准备在大会时分发，聊尽一个国民和党员的天职。建议书写成了，印费没有着落，结果是把几部心爱的线装书拿去旧书店卖了。

博得荆妻一笑叹，

节衣缩食印传单。

平生傻事常如此，

秋月高寒夜独看。

这是贯之当时所写的一首七绝，题为《典书》。

在大会场散发的多种印刷品中，有一本题为《中国国民党之危机》的小册子，使贯之读得击节惊叹，认为对国民党的毛病，对共产党的问题都观察得相当深刻，于是便多方探访这位作者。

在一天傍晚，贯之忽然偕同一位青年朋友，带了一肩行李，回到任家花园的宿舍来。他很高兴地向我介绍说："这是殷海光先生，便是那篇《中国国民党之危机》的作者。我邀他到这儿来同住。"原来贯之查到他是西南联大学生，从军当二等兵，由云南退伍到重庆，住在独立出版社，便特意去拜访。在抵掌快谈之下，贯之看到他的居住环境，不宜于用思想，写文章，就要他搬来同住。海光大笑而起，立刻便检拾行李，和他一道来了。他小贯之十岁，彼此相待如兄弟，这一年多的日子相处得非常欢洽。在二十余年后，深尝人间况味之余的今天，什么热忱都沉淀了，回顾他们那一股坦率真挚的友谊，不禁茫茫然若有所失！

任家花园那幢洋房，是中央宣传部的编审室和图书室，那时的部长是梁寒操先生。梁先生一向是"远闻佳士辄心喜"，特嘱贯之约海光到他家里吃饭，不久，便给他一个编审的名义，勉励他安下心来做研究工作。

海光给我的印象，是好学深思，严肃紧张，除了谈学问，论时局兼及政治思想等的问题之外，对世俗琐事，自己家世经历等，极少提到。有一次,不知谈到什么,他即刻跑到楼下图书室中。捡出一本洋装书来,翻给我看,原来这是金岳霖先生的一本哲学巨著,书名我忘记了,其中有一页中间两行注文,大意是说:小友殷福生对某个问题曾提某些意见云云。海光告诉我,那时他才十六岁。因此,我才知道他的原名是殷福生,而他在少年时期对于逻辑学的心得,已能得到金岳霖先生的重视了。

抗战胜利,复员工作展开,各机关首长及各单位主管早已飞回首都南京,许多所谓"有办法"的人员,也已纷纷利用各种交通工具,分由空、陆、水运离开重庆,只有像我们这一类人一切顺其自然,被排在后面等待分配。陪都的人潮滔滔东下,当地物价随之下降,公务员薪俸虽薄,此时多数同事已走,住得也很宽敞,大家虽已无需按时办公,但他们各自的读书工作,从未间断。记得海光曾介绍贯之读两本书,一本是罗素著的《自由与组织》,一本是佛洛依德的《心理学》,都是图书室原有的中译本。

任家花园是我国名科学家任鸿隽的故里,环境幽美,林木掩映,鸟语花香,颇有田园之趣。当他们放下书本,晚饭过后,晚风残照中漫步闲谈,有时在那家小村店对酌几杯,可笑处世乏术的书呆子,此际竟望之俨然神仙中人。

不远处有一间某专科学校的女生宿舍,黄昏时候常有三五女学生夹着书本翩然经过,其中有一位垂着两条辫子的女生,秀外慧中,迥非凡品,我们都很欣赏,海光常是沉默地目送那惊鸿一瞥,但偶然对面相逢时,却又有点忸怩。他常邀我们在那条小径上散步徘徊,可惜伊人芳踪,终于是"散似秋云无觅处"。

海光兄遇事常是紧张而认真,有两件小事可证。

　　有一次他和贯之一同入市买书，街上见到一个摆象棋擂台的，他俩驻足而观，见到主擂者功力甚高，无人可敌，他俩见猎心喜，便也下场一搏，哪知输得一塌糊涂。两人心有不甘，立即买了几本棋谱回家，灯下埋头钻研，演习如何守，怎样攻，彻夜不眠，第二天联袂再去，又败了，回家再研究，屡战屡败，一连几天，终竟无法赢得人家，弄到身心俱疲，才收心作罢。

　　有一位同事，湖南人，为人老实而固执，在抗战末期思想变得颇为左倾，他们常常见面，见面时必谈国事，海光对共产党抨击不遗余力，那位先生则处处辩护，于是唇枪舌剑，互不相让，常是由谈论而争辩，而互相指摘，一个湖南话骂"法西斯"，一个湖北腔骂"第五纵队"，声震屋瓦。

　　那时候小女嘉陵未足周岁，常到他房间把堆满书架底层的美军罐头食品，搬得遍地星罗棋布，海光则常是调一杯柠檬水喂孩子，酸得孩子直皱眉咋舌，然后开心大笑。

　　1946年秋，复员工作接近尾声，我们一家三口比他早一月飞返南京，临行之日，海光正患小病，我吩咐女佣彭妈留下照料。抵宁月余，我心挂老亲稚子，领了复员费，匆匆先回福州。贯之在南京多留两三个月，和海光住在一起，这一段时间，他们除了参加国民党的革新会，在杨幼炯先生主编的《革新》杂志上发表文章，常是徜徉于湖山胜处，玄武湖、莫愁湖、鸡鸣寺、扫叶楼、雨花台、中山陵、灵谷寺等处，都常有他们的足迹。1948年秋，贯之再到南京，他在《中央日报》服务。此后，不知在什么时候，他到了台湾。

　　海光在《自由中国》和《文星》上所写的文章，贯之看得比我多，他常说海光的思想愈来愈偏激了。此后每当看到报刊评论海光,或是友人谈论到海光时,贯之常在喟然一叹中保持缄默,也从未在文字上提及。他认为,彼此的志向和见解既然不合,辩论不可能有何结果,徒伤脑筋和感情而已;再则海光兄后来声名鹊噪,贯之也不愿冒有"我的朋友胡适之"之嫌。海光兄之逝世,贯之最感痛惜遗憾的是,正当他正视中国文化价值而思有所述作时,竟尔赍志以殁,未能走完他的思想的辩证历程——由反至合。

重新翻读他的来信和照片(刊载在《人生》七十三期及八十三期),他那坦率傲岸的神态和口吻,仍像在任家花园时,活跃在我们眼前。

1970 年 8 月 23 日

悼念殷海光兄

傅乐成

欲渡黄河冰塞川,将登太行雪满山;
停杯投箸不能食,拔剑四顾心茫然!

——李白诗句

　　前面所引的诗,是李白的一首七言古诗《行路难》中的四句,这首诗是殷海光兄生前所爱读的。大概是民国三十一年的寒夜,在昆明西南联大的学生宿舍里,海光兄倚案独酌,曾用他洪亮的湖北腔,长吟着这首诗。当时我已就寝,朦胧之际,正听到前面的四句,声调苍凉悲壮,顿时使我睡意全消,郁悒不能自已。二十几年来,这首诗早已忘掉,但自海光兄去世后,每当我想到他,长吟声便立即传入耳际,依然震荡着我的心弦。我想海光兄喜爱这首诗是有原因的,它是古诗人对坎坷世路的叹息,也是海光兄毕生襟怀意绪的写照!

　　我和海光兄认识,是抗战后期在西南联大读书的时代。那时我就读历史系,海光兄则是哲学研究所的研究生。联大的学生多半来自沦陷区,因此大都住校。当时联大的校舍异常简陋,教室是白铁为顶、黄土为壁的建筑,椅子也不够,有时上课须先占座位,不然便只好站在后面听讲。学生宿舍则是土筑的茅屋,二三十人住一室,自然谈不到整洁。饭食的粗劣,更非身临其境的人所能想象。但名师的众多,学风的自由,加上昆明宜人的天气,使我们忘却生活的艰苦,反而觉得那是极好的环境。我住的那个寝室共有二十来个同学,并不包括海光兄,但其中有几位是他的同乡。有一段时间,他几乎每晚必来,找他的同乡聊天,直到深夜。记得他经常穿一套黄卡其中山装,冬天则加一件黑棉布大衣。他说话的声音,永远超过聊天的程度,而像是在演讲;其坚定嘹亮,简直不像发自他那瘦小的身躯。每当他高谈阔论,整个寝室都静下来,他口讲指划,滔滔不绝,有时夹杂着几声怪笑,别人绝少有插嘴的机会。他的若干言谈,够得上是惊世骇俗,而每次所下的结论,无不斩钉截铁,不容怀疑。那时他已颇有名气,是哲学系金岳霖教授的高足,同学对他都有几分敬意。最初我只是他的忠实的旁听者,有时对他的言论不表同意,但一看他那种充满自信的神态,便不自觉地站在他的一边。不知怎的,每次看到他,总会感到自己知识贫乏,缺少他那种困学信道的勇气。

海光兄的谈话内容包罗很广,诸如政治、时事、哲学、文学以及相术、恋爱秘诀、人物评论等,大都随兴而发,而每每隽语如珠,意趣横生。他的若干妙论,我至今还记得不少。1942、1943 年间,正是抗战最艰苦的时候,联大的一些"左派仁兄"也开始活跃,其言行的嚣张卑劣,叫人难以形容。我对这批人产生莫名的反感,有时也借机针对他们讽刺责骂一番,结果不但毫无作用,反被贴以"神经病"的徽号。那时海光兄是政府和国民党的忠实拥护者,他曾为"放诐辞,息邪说"尽过最大的力量。记得一个晚上,大家谈到抗战前途和国内政局,他大声地说:"不要怕,蒋委员长每遇困境,必有旋转乾坤的能力。你们看过去多少人反对他,结果怎样? 军阀、日本人,在他看来,都不过是小孩子!"又说:"俄国人天性卑劣,将来必然仍放不过中国。"在当时的联大环境中,敢于讲这类话的,并没有几个,因为这些话都是"不前进"的。他这番话曾给我莫大的鼓舞,使我感觉终于找到同调,心中郁结之气,为之一扫而空。他爱读唐诗,尤其推崇李白,我时常听到他高声朗诵李白诗,那声音发自肺腑,挟带着一股情感,每使我低徊不已。有一次他批评唐代诗人,说:"李白是天才,杜甫是白痴。"我不同意他的见解,却颇欣赏他的评语的直截了当。李杜的优劣,至今并无定评,也无法比较;李白固是天才,杜甫又何至是白痴? 但从这两句话可以看出他性格的特点,那就是"扬之则使升天,抑之则使入地"。他对于看相,也有兴趣。一天晚上,我已就寝,他仍站在床前,为我相面,并有不少赞美之辞,使我有"飘飘然"之感。他并指着他自己两眉之间的两条竖纹说:"这两条纹是智慧的表征。有个混蛋相士,说我学业无成;其实他只要看看我这两条纹,便知究竟!"这种纹代表智慧,是他的创见。相书上则说这种纹叫作"悬针",是"倒楣"的标志。我想他的眉间有这么两条纹,可以说智慧与倒楣兼而有之。后来他绝口不谈此道,而我从那时起,对相术的兴趣日增,经过多年的摸索,至今已小有"名气"了!

1943 年以后，便不再看到海光兄，听说他参加"青年从军"，远征印缅去了。同学每谈到他，无不赞佩。1945 年，我在联大毕业，正值抗战胜利。次年春，我自重庆到南京，在中央图书馆混了一年，因耐不住坐办公室的刻板生活，转到一所天主教办的中学教书。其时海光兄在《中央日报》任主笔，我们又在南京见到面。有时他到学校里来看我，谈锋如昔，而见解更加精辟。由于多种原因，当时我的生活异常放荡怠惰，虽经许多亲友的劝导，始终不能改善。就在这时，我结识了一位美丽的女友 H 小姐，她曾给予我不少的鼓励，我虽然对她极其敬爱，但仍无法自拔于颓靡的深渊。有一天，海光兄来我的宿舍闲谈，恰值 H 小姐在座。海光兄与我大谈时局，H 小姐在一旁听得出神。那时我与 H 小姐已论及婚嫁，海光兄走后，她突然对我说："假如你有殷先生那样好的学问，我一定会嫁给你！"这两句话使我感到无比地惭愧，至于反唇相讥。经过这番刺激，我渐渐有些醒悟，我曾向 H 小姐致歉说明我振作的决心，并从事翻译一部英文的西洋史，以表示对她的谢意。H 小姐旋即待我如初，仍然时时对我关心鼓励，但她并没有嫁给我，这当然是我的学问不及海光兄的明证。所幸此后我的生活逐渐步入正轨，并得到一位贤淑的伴侣。如今我与 H 小姐已隔绝二十年，海光兄又于此时作古，人生本如梦幻泡影，转眼便无踪迹，但这两位净友，将永远存在于我的记忆中，不因生离死别而消失！

从那次畅谈以后，又有许多年没有见到海光兄。1948 年冬，南京人心惶惶，大家都无法预计自己的命运。有一天，碰见一位联大同学，谈到海光兄，这位同学说他仍在《中央日报》，但对国事的态度大为改变。他写的文章,对政府时做尖刻的批评,甚至对他从前所最崇敬的人也有微辞。这些话使我非常惊讶,心中有一种"怅然若失"的味道。当时的时政,已沦落到"破鼓万人捶"的地步。因为私事繁忙,我无暇去求证这件事,不久也就忘掉。

1949 年初,先伯孟真先生出任台湾大学校长,我追随来台,在台大历史系当助教。这年夏天,海光兄也随《中央日报》迁来台北。不久他便为孟真先生延聘为台大哲学系讲师。他写信给我,表示已厌倦报馆工作,决心来台大再做几年"学徒"。孟真先生对他也很赏识,曾对我说:"殷海光读过不少书,你可以常和他谈谈。"此后我和海光兄见面的机会渐多。他论人素少许可,对孟真先生却相当尊敬,尤其钦佩他的不畏强御,独来独往的精神。1950 年冬,孟真先生逝世,他曾于深夜独自在灵前痛哭,并作长文追悼。我想孟真先生如能多活十年、二十年,他或许不会遭遇后来的横逆。

从我与海光兄多次的闲谈中,我逐渐发现他的思想和态度确是变了。他对现实政治,极感不满;对国家前途,也极度悲观;甚至希望以外力改变现状。我对他的看法,不敢苟同,有一次我曾委婉地追述他在联大时所说的"旋转乾坤"一类的话,他半晌无语,最后闭目摇头说:"如今已是智竭力穷了。"其后他任《自由中国》杂志的编辑,所发言论较前更为激烈。我既不赞成他对国事的见解,自忖也没有说服他的能力,只好以少谈为妙,因此逐渐地与他有些疏远。我固然从未标榜过"前进",也从未对权势作过歌颂的谀辞,我只是站在常人的立场,深感台湾不能再发生政治斗争。中国的"民主"与外国的是两回事,政治斗争往往不是纯政治的,极易引起骚乱。斗争无论大小,占便宜的总是外国人,吃亏的总是自己。不幸一旦变作,我们纵不为之所吞没,继之而起的必然是傀儡政权,任何人也不愿在傀儡政权之下过活。政治现状诚然有许多地方令人不满,我们可以用许多方法去改善的,独不能以斗争来解决。直到现在,我仍坚持着这个看法。我知道海光兄对现实政治并没有兴趣,也相信他的言论发自爱国心,但我深恐他会为野心者所利用。既然各有其坚决的不同主张,只好"各是其所是"。庄子说:"鱼相忘于江湖,人相忘于道义。"人虽相忘,而道义犹在,我们的友谊,仍然保持,我对他仍是非常敬佩的。

1954 年,我去美国,在耶鲁大学求学,那时他正在哈佛做"访问学人"。[①] 有一次,我去哈佛看劳幹先生,顺便去看他,可惜没有见到。次年春,他返回台湾,行前到新港来看我,在我的住处盘桓了两三天。每天我陪他去参观耶鲁的图书馆、艺术馆及当地的博物馆等,晚上便促膝畅谈,泛论上下古今。这时他对中国的思想文化发生兴趣,见解甚高,而缺乏史实的依据。我劝他多读些中国书,因为以他敏锐的观察力和致密的思想方法,如能在中国智识方面再加以充实,则其研究中国文化问题所得的成果,必然高人一等。他同意我的见解,临别并说如果能再来美国,一定到耶鲁来,并希望能与我在耶鲁一起读几年书。此后不久,我也回来,共同读书之约,成了虚愿。他返台后,一面在台大教书,一面仍为《自由中国》杂志效劳,对国事的态度也迄未改变。辛辣动

---

① 此处作者记忆有误,殷海光先生访美为 1955 年上半年。

人的文笔加上长江大河般的辞锋,使他的声誉鹊起,成为一般青年学子的偶像。他并把他的理想,寄托于胡适之先生,曾为文对胡先生倍加赞扬。1960 年,"雷震案"发生,他受到极大的刺激,见面有时不发一语。有一次我与他谈到"雷案",他只回答了一句话:"怎么得了啊!"同时他对胡先生也感到极度的灰心,此后他不再提到胡先生,甚至胡先生去世,他也没有去吊唁。① 这时他的处境,正像李白的诗所说的"拔剑四顾心茫然",其内心的痛苦,可以想象,是极令人同情的。

"雷案"以后,他很少发表文章,但益受学生们的爱戴。每次演讲,总是挤满了听众。学生喜欢他,是因为他不但有学问,而且有自己的思想,同时待人又非常热忱坦白。他生病时,学生们对他的关切侍奉,真令人感动,在"现实主义"弥漫的今日社会里,是难得一见的动人场面。使我微感遗憾的是:他的待人态度不如从前"自然",这几年我仍时常见到他,有时他也来看我,仍是有说有笑。但每在公共场合遇到他,他总是显出孤高的神气,脸上一片冷漠,与他谈话,照例以微笑或"啊! 啊!"声作答,与私人见面时判若两人,好像是做给什么人看的。前年他在台大医院卧病,我和杜维运兄去看他。见他的床边站了不少学生,床头堆着不少洋文书,手中拿着一本,但书是合着的。我上前和他说话,他只是微笑,不发一言;继而维运兄上前搭讪,态度仍是一样,弄得我们十分尴尬。走出病房后,我戏对维运兄说:"你看像不像苏格拉底?"维运兄只是摇头苦笑。最使我奇怪的,是别人对他的

---

① 殷海光未去吊唁胡适,和殷不愿在那样热闹的场合出现有关。因殷海光虽未去吊唁,却曾至胡宅慰问胡适夫人。

著作加以批评时,他从不作答,这与他从前性格大不相同。时下有许多学薄行劣的读书人,每当遭受攻击时,便采龟缩政策,不闻不问,怡然自得。海光兄绝不是这一类的人,何以也向他们看齐?讨论学术,辨别是非,有理则据理以争,有错则坦白承认,又有什么关系?我想也许是"大师"的观念使他如此,因为做"大师",便须与众不同;同时"大师"是无谬误的,即有谬误也不能承认,不屑答辩。假如真是这样,我认为这观念误了海光兄!

海光兄逝世不久,徐高阮兄也撒手而去。他俩是西南联大同学,都具有高度的爱国心,也都是守正固穷的君子,言行并茂的全才。但在思想见解上,他们则是敌人。他们并无私人的恩怨,只是各言所信,各持己见,将来一切自有定评。可惜的是本已贫弱混沌的学术界,突然失去这两个柱石,而后将更无是非可言。想到这里,令人不禁兴"天道"之悲。现在我借用杜甫的两句诗,表示我对这两位老友的哀悼:"干戈未定失壮士,使我叹恨伤精魂!"

1969 年 10 月 23 日于台北

殷海光的最后夜晚

孟祥森

　　1957 年,我考入台大哲学系,充满了对人生的困惑与对解答的渴求。课目表上排的课都对我有极大的诱惑力,诸如人生哲学、历史哲学、形而上学、西方哲学史、中国哲学史、印度哲学史等等,我是多么渴望着能从这些课堂上求得我问题的解答,解除我初发生命的饥渴。但我上课的时间不及一学期就整个泄了气下来。老师所讲的课似乎跟我心中的疑问完全风马牛不相及,为什么会如此,我想不是几句话可以交代得清楚的。基本上,我可以这样大概加以解释:一、我的人生困惑是来自我生命的底层,而教授——尤其是在年老之后——未必也感受到这种困惑;二、他们所讲的大部分是"学问",他们是把人生的问题化做了学问,化做了学术概念,然后把那些学术概念像儿童玩游戏似地把玩,像九连环一样地把概念套来套去,与我那种切肤的人生问题根本不着边。

大致上可以说,在台大四年,我只上了一学期的课,其他的时间就在校园里流浪度过。

当然,殷海光的课我也是没上的。

上殷海光的课我记忆中只有两次。一次是大一刚升学不久,在离校门最近的"临时教室"(那时是两栋长条形的黑瓦平房,每一栋分成好几间,后来拆了重建,就是现在农推馆一带的校舍),大概是大一必修的逻辑概论吧。我不记得他讲什么,也不懂什么叫逻辑。我只记得下了课我在教室外的草地上向他问了个问题,我不记得问的是什么——大概还是我的老问题吧,即所谓"人生"是什么之类的"驴"问题——但我记得问的情况。

两堂课之间,殷先生喜欢到教室外面,坐在草地上或站着,一群学生围着他。

我的心是忐忑的,因为我想问又不敢问,又不晓得怎样问,何况又有别的同学在旁,我问那样"土"的问题,实在是脸红,但我还是红着脸问了出来,譬如说:

"殷……殷教授……人在宇宙间是为了什么?"

我不确定为什么找殷海光来问,因为我从没有问过别的老师,或许是因为殷先生还年轻,还有朝气,而且跟学生相近,使我抱着希望,能够得到指示,因而把这个问题问他吧。

他怎么回答我不清楚记得了,但我记得他显然觉得这个问题很难缠,跟我拐弯抹角说了些与这个问题没什么直接关系的话。他的话对不对我不晓得,但自此以后,我知道这个问题是不能问人的了,而殷先生的回答也使我对他的课失去了兴趣(本来就无)。以后他的课是怎么过关的我就不复记得了。

　　但那一次有一件事是我清楚记得的：当我结结巴巴叫他"殷教授"的时候，他笑着说：

　　"不要叫教授，如果为了表示一点尊敬的意思，叫殷先生就可以了。"

　　记忆中第二次上殷先生的课，仿佛是在第一次之后相当一段时间，那时我已跟同班的同学郭松芬很相投（郭松芬，先入哲学系，二年级转外文系，去美后改名"郭松棻"）。不晓得是为了好玩还是为了什么，郭松芬说要去听听殷海光的课。那是在同一栋临时教室右端的一大间（原先我发问的那一次，是在左端的一大间，座位是阶梯形的长条木椅木桌），我们便像两个混混儿一样溜了进去，同时刻意坐在讲台前的第二排（大家都是从最后排坐起的，前排往往空着），把两只脚不客气地搭在最前排的椅背上，散漫地坐在那里，看着殷海光。他看到我们的放肆无状，倒表示了一点不但容纳而且欣赏的样子，从讲台上抿着嘴微笑地看着我们。

　　那天他讲的是什么，我仍旧毫不记得，只记得他用他那拙笨诚实一笔一画像小学生的字体写了一黑板的逻辑课程，而在讲解逻辑的推论时则用当时的政治做例子。

　　我不但不懂逻辑不懂政治，而且也全不感兴趣，因为当时我觉得这些跟纠缠着我的问题全不相干。但我知道，从殷海光的表情和语言中，他尊重逻辑的推理，把它视作追求真理的明确途径，而他不能满意当时的政治，因为那不是真理，他无法忍受，而又非忍受不可，因此他讲课的时候，虽然想幽默一些，想嘻笑一些，但他的幽默与嘻笑却是苦涩的。——殷海光的笑，在我的印象中似乎一向就是带着那么个苦涩的味道。

那一次的上课，由于我根本不喜欢听殷海光那一套，也由于我跟郭松芬进那教室就是为了找碴子，为了去看殷海光表演，像看猴子一样，因此，不久我就在跟郭松芬开始"观察"他了。

那么小的个子，头顶上顶着那么一块由左向右梳的灰白头发，算得上是干的脸，抿嘴或咧嘴笑，咧嘴的时候似乎嘴角处还有一颗包了不锈钢的牙，没有胡须，也没有胡碴，穿着一套灰色的西装，好像是打着黑色的领带（或是没有？不记得了），白衬衫。

那料子普通的西装，显见是买了现成的，却由于过大——因为他个子太小了，买不到合身的吧——而把下摆和袖子都剪了，或叠向里面，用线绷起来；线的针脚很大，歪歪扭扭的，叠边也叠得不平，因此，整件衣服变得皱皱衲衲的。这和方东美绅士型的西装完全不同。

他的小手从同样皱衲的袖口伸出来，拿着粉笔，比手划脚地、有兴趣地、有热忱地对学生们讲他认为重要、认为有趣的事，但学生们是默然的，有的记笔记，大多是为了考试，不为考试的，大概对他的话就不感兴趣了吧；至于我，我则真的觉得他好像一只在台上唱独脚戏的小猴子；郭松芬怎么感觉，我就不清楚了。

这是我在台大上殷海光的课惟有的印象。四年毕业，考入辅大第一届哲学研究所，这之间，有很多年没有见过殷海光，也跟台大哲学系没有任何联系，只是有时到校园走走。

念完研究所，当过兵之后，有一天，在中山北路的敦煌书店跟"老板"罗小如在书桌柜台边聊天——罗小如年龄与我们相仿，我们认识他，也是由郭松芬，因郭常去买书看书，而结为朋友，后来发现,殷先生常戏称他为"罗老板",而小如也总幽默地笑笑(十多年前罗小如夫妇也去了美国)。殷海光走进来,来拿罗小如帮他向美国订的书。厚厚的、沉甸甸的好几大本精装书。

我看到他,吃了一惊,因为他人整个脱了一层——脱了一层肉,也脱了一层色。

以前的殷海光可以说是褐色或黑色的吧,现在变成白色的了。头发全白了,整个生命力完全退去了一层,穿的仍是西装(好像是浅灰色),但合身了,料子比较好了,平顺了,不再皱衲了,不再青涩了,倒是有了成熟的学者风范与风采,但基本上是令人心痛、令人担心的,因为你可以看得出他害过重病,而且可能不久人世。

我跟罗小如站起来,他向我点头笑,左边嘴角那颗包了不锈钢的牙齿露出一半,那眼神是他一向看年轻人的眼神:表示欣赏,有点要把你招向他的意愿与魅力。

罗小如大概跟他说了一声我的名字,说我也是哲学系毕业的,殷先生则笑着说知道。其实我当时也不知道他到底知不知道。

他问我在干什么,我那时大概正在跟罗小如谈翻译齐克果的《恐惧与颤怖》的事,同时想把《幻日手记》出版。他听了好像表示有兴趣,将来要给他看,我则想那只是说说吧,因为我跟他的路子完全不一样啊!

他跟罗小如商量了一些买英文书籍的事,就迈着那右脚似乎略有一点不方便的步子走了。我从罗小如那里听到他害胃癌住院刚出来的事。这以前,我似也听过,只是没怎么放在心上,及至这一天看到他整个的样子,才担心起来,心疼起来,也开始感觉到与他近了些。

我那时似乎有一个念头:即将不久人世,还买那么多大部头的书,能念吗?而念了又怎样呢?我总是难得扫除这虚无的感觉。

又过了一段时间,陈鼓应对我说,殷先生要请客,以你做主,我们作陪。我听了受宠若惊,但随即不高兴起来,因为我觉得这是假话。我这样一个无名小卒,又从没有跟殷先生接触过,怎么可能被殷先生指定为主客呢?充其量,我只是他要见见面的学生之一,甚至他根本没有要见我,而是陈鼓应代他说的。我没有问这些,但答应去,因为我也想接近殷先生了,而且我心疼他,我知道我们再没有多少机会。

那天晚上我们在殷先生的教授宿舍中吃饭,殷先生似乎颇为花费,因为他炸了一大盘鸡腿,那时在我的感觉中,那么实在、那么大的鸡腿是很贵的。那晚在他小客厅的桌边究竟有些什么人我都不记得,但罗小如和陈鼓应是在的。我是第一次去他家,对他的宿舍环境很羡慕。席间大家聊天,我则在意不在意地听,因为他们谈的多半是政治,而我完全外行。

过了几天,陈鼓应又说,殷先生很欣赏我,为什么呢?好像是因为我不讲话。这话我又是半信半疑,但不管怎么样,这自然在我心里产生了作用。人总是会倾向欣赏你的人——不管你有没有值得欣赏的地方。

其后是殷先生的病慢慢重了,我仍然少去。只记得有一天傍晚,几个人坐在殷先生客厅四周,那晚好像停电,因此桌上点了一支蜡烛,桌边究竟有谁也不复记得,但有一个清秀的青年,脸上有聪慧的气质,后来知道那是学弟王晓波。

又记得有一次,郭松芬出国回来,他、孟祥柯、我,还有罗小如、李日章等,去看殷先生。在屋里坐了相当久,有的人上了厕所,有的人没上,告辞以后,出了殷先生的院门,就都在他的巷里尿起来了——当时已深夜,他的巷子又寂静,又只有他一家——既尿去了尿,又尿去了一肚子窝囊气,因为我们为殷先生,为国家感到窝囊。

再接下来的印象便是我们几个同学坐在他的客厅里,而他则已经病到末期,躺在靠后院的窗下长条椅上。那椅子似乎已经变成了他的病床,我也不知是不是有人来他才移到这边,还是整天整夜都在这里了。

屋子的灯光仍旧不很亮,而他的长条椅一带犹暗。长条椅是暗色的,他裹的毯子是暗色的,他整个人也是暗色的了。

我们同学分坐在客厅的两侧,他则躺在进门向内走的顶端。原先就瘦小的他,经过几年胃癌的折磨,只剩下一把骨头了,而且那骨头是散的,丢在长条椅上,被毯子盖起来。他的头向东,脚朝他以前书房的方向,面对着客厅里的我们侧卧。脖子已经无力,头等于是甩在枕头上的,或抛弃在枕头上的;从那压在下面支离的肩膀,抽出他已经无肉又无力的右臂,回过去,搭在他的左肩上,整个人像一把骨头用一些薄薄松松的皮连着,没有放好地丢在那里。

但是他的人还在用他已经没有力气的声音讲着话,讲政治的理想,讲着理性的高贵与重要,还在批评时政。他的生命的火是不熄的,他不允许他的心智被肉体所干扰,他不向肉体或病痛投降。那一两次的印象实在是使我非常吃惊的。那是我最初接触到的病与死之一,而他对待病与死的态度是那么坚强。我不记得他叫苦过、示弱过、自哀自怜过、恐惧过。只是他痛的时候,或想要移动一下身子而移动不了时,他的眉头会拧起来,嘴角会翘起,但随即他又开始讲话,而把那痛楚当作别人的事似的。

我记得他跟同学说过一句话:死我是不怕的。接下来他说什么,我不记得,但好像是他遗憾的是他还有许多事情没有做。

在那段时间,我有一个想法,我觉得殷先生这一生过得太干了,没有任何生活上或艺术上的润泽。虽然念了许许多多西洋书,但他可能连西洋音乐听都没听过,以我自以为是的观点来看,这是多么可惜!因为生命中除了逻辑与政治以外,还有好多好多东西,而这些东西中不少是美好的,但殷先生的生活似乎只有逻辑与政治。因此我想在他生命最后这段时光,他应该领略一点美好的东西。什么是美好的呢?在当时我的想法是音乐。让他听一听西方古典音乐。毕竟,我认为,一生竟没有领受过这种丰富的美就去世,是太可惜了,太对不起了。

于是我想把我从旧货摊买来的“高级音响”搬来给他听(当然不是什么高级的,但当时台湾尚没有正式进口货,本地又不会造。我没钱,只七凑八凑买了个普通二手货而已,但在当时也感觉不错了)。我断定他没有音响,是由于听说他不会打电话——当然是公用电话,他自己家是没有电话的,大概也反对电话——既然连电话这样简单的机器都不会用,像电唱机那么“复杂”的机器——有六七八个钮——当然更是不会用了,更会愁死他了。

我想把电唱机搬去,有时陪他坐坐,不谈政治、不谈逻辑,只听听提琴曲、钢琴曲或合唱曲,偶尔谈一谈在宇宙间作为一个生命的奇异等等之类的问题,因为我知道这一方面他一直还未触及,而这是他的生命在某一方面干枯的主因。

但我终于没有这样做。我给自己的藉口是我的喇叭箱太大了,搬起来很吓人;实际上我是没有信心。我不晓得他愿不愿意接受,他的家人和其他学生会不会认为我做的不但无关紧要,而且是碍人的事。我也怕自己太"山东馒头"了("山东馒头",郭松芬的用词,是 sentimental 的音译。现在这个字大家都译为"滥情",但并不能充分传达英文此字的意涵。郭松芬把它说成是"山东馒头",发音与英文相近,而且有着一种难言的戏谑在里头),我很怕做了让大家都觉得幼稚吃惊的事。但一直到现在,我始终追悔当初没有去做。在一个人临终前,给他一些美好的事物是应该的,同时我认为应该把生命的另一面揭开给殷先生看看。对,我当时甚至曾经害怕,如果他发现生命中竟有如此美好的东西,而自己却无可挽回地要死了,却来不及享受,会不会更恨憾!

再接下来的印象便是有一天下午我被叫到台大医院去了——谁通知我,已忘记,那时住永和,并没有电话——我赶到台大医院,殷先生的病房外有好些学生。陈鼓应、叶新云陪我走入殷先生的病房——房子只有他一个病人,但好像并不只一个病床,可能有一两张空床——我们在他的床尾站了一瞬,因为他奄奄一息的脸看似没有知觉,眼睛是闭的,随后他动了一下,略有表情。陈鼓应便说:

"殷先生,孟祥森来看你。"

他把眼睛张开了一点,里面是黝黑幽暗的,然后,他一向的那种微笑又来到唇间:有点苦涩的、幽默的、嘲讽的、带着些要吸引年轻人的魅力的。

他微微笑着说:

"啊,存在主义大师,嗯!"

意思好像还要像平时那样一边说话一边点头似的,只是他躺着,已经无力点头了。而他那声音是行将要死的声音,是从阴间发出来的声音,像唱片突然没电了,像演恐怖片那鬼魂的声音。

除了受到阿谀外,我当时真的是吃惊了,而这个吃惊,一直到十五年后的今日不但仍未稍减,抑且有日渐增强之势。

我吃惊的是他在死亡的门前,在死亡的阴影下,身上那样痛,那样虚竭,还有那个余力,那个闲情,跟一个其实算不得是他学生的学生开玩笑。在死亡和病痛面前所表现的这种勇气,实在是把我吓住了。

我当时大概仍是没有讲话,只是跟陈鼓应、叶新云等一同站在床边。陈鼓应好像跟他说了一些来看他的人的名字,他一一表示知道。

随后有别人进来,我们退出房外,站到走廊上,走廊上进出病房的人相当多。我们站着,束手无策地空空发愁,发愁无益,就谈一些别的,或什么也不谈。

隔了一会,系主任洪耀勋和形而上学教授曾天从来了。我记得洪耀勋没有进入病房时的那张脸。他的脸充满了无言的恐惧。那恐惧不是为了他怕殷海光死,而是反射到自己身上,怕他自己遭逢到同样的命运,怕他自己会死。因此他的表情是怯懦的——尽管他平时的表情就怯懦。我十分了解这种心境,但当时——及现在——实在有非常多的感叹,在洪耀勋的表情中,我看不出对殷先生的心疼与惋惜,而只有对自己生命的贪恋。这跟死在自己身上,而根根骨头皆硬的殷海光相比,根本是不可同日而语了。

黄昏慢慢接近,殷先生似乎一直不曾醒来,大家来看的只是一个垂死之人。

天黑前后,同学商议守夜的事。我说我守。一方面是因为大家都忙着,累了,独有我最没有忙,最不累;另一方面,我也想在这里守一夜。因为我从没有为殷先生做过任何事,出过任何力,也觉得殷先生可能真的有个什么地方对我赏识,我好像跟他有点缘分。

天黑以后,人慢慢离去,二楼病房的长列走廊在灯光下空寂而清静。我一个人有时靠在走廊的窗口,有时进去看看殷先生。

大胡子胡基峻那天夜里也在,我不确定他是否整夜在,但确定待了很长的时间。

入夜以后不知多久,殷先生想翻动身子,喊痛。我从走廊的窗口走到他床边,帮他把身子侧向一边,他没有睁眼,但表情十分痛楚。我帮他翻动身子的时候,发现被单下都是沉重的骨头,那些骨头显得奇异的沉重压手,大而冷硬。

翻身以后,我说:"我帮你按摩一下好不好?"他微微点头。我便从肩膀开始给他按摩。但他的全身已经找不到肉了,只剩下又冷又硬的骨头,使我有无从着手之感。但我还是逐步向背后和前胸按摩下来,待我看到他的肋骨时,真是难以说明了。

　　他的肋骨一条一条的,非常清楚、非常突出地突现在外面,而肋骨与肋骨之间则深深凹陷进去,成为深沟,贴在肋骨上的,只有一层非常薄的、黑褐色的皮,因之肋骨的棱角极端锐利清楚,比肉摊上剔净了一切筋肉的肋骨还更瘦,更棱削。

　　他的背脊上一粒粒的脊椎骨圆圆地突出来,两旁连着肋骨的末端,腰部瘠瘦难堪,骨盆则硬大而空陷地突出在床上,大腿骨与骨盆的交接处十分明显,两条腿骨则沉重地压在床上,腿关节显得好硕大,两只脚已像画中死神的脚了。

　　那时候,我不禁暗暗叫着:

　　殷先生,你怎么到这个地步!

　　在这无所谓按摩的按摩过去之后,殷先生仍痛楚难当。他的嘴唇在动,眉尖拧成一团。我说:"殷先生,要怎么样?"他有话,但说不清楚。我说:"要打止痛针是不是?"

　　他点点头。

　　那点头,是不情愿的。我可以感觉到,止痛针,非万不得已他是不愿打的,因为他不愿借助止痛针,因为那是一种麻痹和投降,但现在,那死亡的痛苦实在太难当了,他只好投降了。但这投降,他是不心甘情愿的。

　　去叫了护士小姐,打止痛针。

　　打臀部。但臀部哪里还有肉!捏起一层皮来,把针戳进去。殷先生痛得非常剧烈,全身都因之抽动。

　　他的这一痛,一定不是一般人所能感觉或想象的吧!所有的肉都没有了。剩下的是什么呢?大概都是神经组织了吧!因之这一针扎到的全都是神经纤维,安得不痛!

不久,他安静下来。睡了。谁知这一睡还有没有再醒过?

我站在床边看。

殷先生的脸已经是死人的脸了,是从阴间伸出来的脸。但他的痛苦还未消,而且在长期的痛苦折磨之后,再加上这临终的剧痛,他的脸已经扭曲了。不,应该说,他的脸就是痛苦,他的脸就是痛苦的化身。如果世界上有一张痛苦的脸,就是这张。

我要画他。

早在殷先生家的客厅里,当我们坐在他附近,而他支离破碎地躺在那窗下的躺椅上,犹滔滔不绝地申论着国事时,在那安静而略显幽暗的灯光下,我就想画他了;不仅想画他,而且想画这师生的一景。在我感觉,这一景有着出奇的动人性,甚至有一种出奇的美感。

但我没有画。因为我不会画画。我更不敢在别人面前画,更何况处理这样一个景象,绝不是我的能力可及的。

但今天晚上四周无人,何况这也是最后的机会了,何况殷先生的痛楚有极大的动人性,我的眼睛无法离开他那痛苦的脸。于是我在随身携带的单薄笔记本上,用原子笔画了两张,附于本文。

画完了,我又到走廊的窗棂上坐着或靠着,有时又走进去看看殷先生。

约半夜十一点左右,我看到几十公尺外的楼梯口上来一个人,是一个女孩,顺着宽敞安静的走道走过来,在灯光下是个奇异的景象。我看不清她是谁。及至走近了,才看出是陈云端。

陈云端,是郭松芬暑假回来时才认得的。那天李日章在赤峰街家中请吃饭,陈云端也在。

病中的殷海光先生　孟祥森绘

陈云端半夜三更独自来看殷先生。可是她说她从没有见过殷先生。现在听人说他病危了,特地来看。

一进病房,看到殷先生,她的眼泪就突然像一串串的珠子掉了下来,一直掉一直掉,好像原先收藏了许多,蓄积在眼窝,这下子一古脑儿统统掉了出来。这又是一件使我十分惊奇的事。

陈云端,充满了柔情,充满了心痛地对待这个她从未谋面而濒死的殷海光。也许这竟是殷海光一生最后得到的疼爱吧,只是不知他还知不知道。陈云端自此帮他按摩,帮他翻身,无微不至,全心全意。一直到第二天早晨。

约半夜十二点,楼梯口又出现了一个高高的黑影子,走路有点外八字。是李敖。

离开台大后这是第一次看到他。比在学校时胖了一些，脸色润泽了一些，不那么瘦那么黑了。

他在屋里和走廊上看看站站，聊了几句话，约待了半个钟头，走了。

孟祥柯也来过，但我不清楚记得是比李敖早还是比李敖晚。

夜一直非常清静，天气不冷不热。

第二天上午，陈鼓应他们来了之后，我回永和睡觉。

午后，有人来叫我。是陈云端的朋友，要用机车载我去台大医院。殷先生不行了。

我们立刻赶到台大，但奇怪的是，对这最后一节，我竟不能确定我的印象是亲眼看见的，还是得自同学的话，拼凑而成：

大家都聚在病房的外面，因为里面没什么可看，只有一个不会说话、不会睁眼、不会动的，甚至不知有意识无意识的垂死人。因之，大家都三五成群地站在走廊上聊天。谈着政治，或谈着什么别的。没有人再注意殷海光。

于是，当后来有一个人走进去时，发现殷海光已经死了。死了多久也不晓得。反正不呼吸了，冷了、硬了，也许有半个小时吧。

我呢？我究竟有没有站在这一群人之间，我也记不清楚，我来时究竟殷先生是否已经死了，我也记不清楚，尸体有没有移走，我也记不清楚。但我却另有一个奇怪的印象：殷师母赶来时，殷先生已经死了，因此没有见着最后一面。

我得知那天晚上殷先生的尸体要在台大医院解剖。我想去看看殷先生的最后,想去看看殷先生的里面。

晚上我到达台大医院时,大厅里却空寂无人,我不知道在哪里解剖。问人,说是在左侧的新建大楼。我走进那日光灯下的空寂走道,好像走入什么诡异的机关中,没有一个人,所有的门都是关着的。我忐忑不安地走了。听说李敖和孟祥柯等在场观看解剖。

不久以后,我得到通知,要在怀恩堂为殷先生举行追思礼拜。

这件事我真的为之气结。

殷先生,以他这样一个思想明白的人怎样可能会去相信基督教?对基督教(与天主教)我自认有相当深入的了解,那是一种非理性的宗教,教义中有着太多太重的部分是无法靠理性说得通的,而殷先生这样一个强调理性,推崇理性的人,怎么可能到最后变成了基督徒?为什么我们学生一点蛛丝马迹都未曾察觉?

难道他真像巴斯卡所说,最后"赌"了起来——打"赌"神一定存在?

但这岂是殷先生的作风,殷先生的风骨?

自由思想者殷先生啊,你的自由在哪里?活着的时候被政治摆布,以致把你压死;死了还要被宗教摆布,把你收归顺民。

我不去参加这种污辱了我们大家——殷先生及其学生——的追思礼拜。

我没有上过殷先生什么课,也没看过殷先生什么书,因此对殷先生的政治与逻辑不能说了解。严格的话,我甚至不能算他的学生。但我在台大哲学系四年,若说有一个老师,套用殷先生惯常的说法,则是"有而且只有一个",那便是殷先生。

我从殷先生所得的,不是言教,而是身教:为了理想,他可以在那么巨大的压力下坚持,一直到把他压死,他都不投降。

而这压力,终于使他抑郁出病来,得了胃癌。但胃癌仍旧没有压倒他。他可以面对着死,仍像苏格拉底一样,跟青年学子谈理想、谈抱负。他是至死不屈的,是小看死亡的人。这一种威武不能屈的风骨,够了。

我真正对他有一点了解,还是陈鼓应的《春蚕吐丝》书出之后。但那更增加了我对他的痛惜。

从《春蚕吐丝》中可以看出,他死前这段时间正处于整个思想甚至整个人生观的转型期。他开始从政治转向对整个精神文化的关怀与领会了,他开始懂一些东方文化的空灵了,他开始开了,开始化了,他的范围广了,领域大了,他开始要成熟了,要结甜美的果子了。以他这样聪慧、纯真而用功的人,再假以二三十年的光阴,结出丰沛而优美的文化成果,几乎可说是一定的,而他却死在这个关键上,死在这转捩点上,怎不令人倍觉痛惜,为他个人的生命悲哀,也为中国的文化悲哀。

《春蚕吐丝》中我看到一句话:殷先生说,我死后,希望在东海岸,面对太平洋,立一个碑,上写:“自由思想者殷海光之墓”。

据我所知,一直到现在,并没有人为他立这样一个碑。

在他的学生中,目前最方便为他立这块碑的是我,因为我大部分时间住在东海岸,我的门前就是大片的太平洋,我有很大的院子,足以给他立碑。

东部有许许多多的大石头,不贵,你甚至可以捡一块几吨重的,叫铁牛车运来,放在院子里,自己每天拿个凿子把这几个字深深地刻上去。

但我没有做。基本上，我觉得那很招摇似的。

我院子里不需立碑。但我知道那块碑放在哪个位置。我在院子里可以看到那块碑，我看到那自由回荡的空气所形成的碑，那自由回荡的空气，就是无形的碑，而且处处皆在。

写于殷海光逝世十七周年

悼念我的老师殷海光先生

王晓波

今年 9 月 16 日是殷先生逝世十周年的日子。十年来殷先生生前所鼓吹的自由民主理念,仍在今天许多人的脑海深处,并付诸实际的奋斗;至于殷先生那好学深思、坚挺不屈的精神,也未因十年的岁月而在他受业学生的心目中消失,即使是他生前思想上的论敌,也不能不佩服他那份人格的操守和认真的执着,及他在横逆中奋斗的意志。

殷先生生前,不是达官,也不是巨贾,而在一个现实的社会中,他死后仍赢得人们内心如许的推崇。虽然他以未满五十的壮年而早逝,亦可瞑目矣。

一

我是 1963 年考进台大哲学系的,大一理则学的教授就是殷先生。在当时逻辑教学落后的情形下,在学术上殷先生是以研究逻辑名闻士林的,除了专著出版外,他的逻辑论文亦常见于国内学报,及美国的《符号逻辑》杂志。

逻辑对他而言,不仅仅是教学的事业,并且使他成为中世纪的"魔鬼的辩护士",是他与权威主义、蒙昧主义、褊狭主义和教条主义奋战的武器。有了逻辑的武器,他一篇篇的政论文章变成了一把把犀利的剑。

我进台大时,《自由中国》已经被封,雷震先生已坐了三年的牢,为《自由中国》台柱主笔之一的殷先生,已经无处发表政论文章,并且也不能在他教学的台大发表演讲。上逻辑课时,虽然殷先生也会谈及一些逻辑之外的学术思想问题,但对政治问题几乎没有涉及过。对以政论名世的殷先生而言,这是他的不屑,还是他的自我约束,当时我一直没有机会请教。今后也不会再有机会了。

记得当时逻辑课是在新生大楼上的,时间是下午二点到五点。大楼后面有一个池塘,池塘再过去是侨生宿舍,走过侨生宿舍、新生南路,就是温州街的台大教授宿舍。五点钟是台大下午最后一堂课的下课。下课后,殷先生还和学生讨论各种问题。我从小就是一个好问好辩的学生,因此总是不放过和殷先生"纠缠"的机会。当时同班同学中除了我以外,还有胡基峻和王中一是经常"纠缠"殷先生的学生。每次下课,殷先生也都让我们陪他走过温州街的宿舍。夕阳映在池塘的水面。四人行而殷先生在其中,殷先生常戏称这是"马路学派"。

我们那班是殷先生所教的哲学系大一逻辑最后一届,以后他只教高年级的选修课。大二、大三,殷先生所开的课,是我们必选的学分。到大四上学期我们到学校注册时,助教告诉我们,课表上虽然有殷先生的课,但不要选,因为殷先生实际上不会上课了。那是 1966 年的秋天。

虽然殷先生不再授课,但我们还是经常去向殷先生请教,只是把教室从学校搬到了殷先生的客厅而已。这段期间殷先生家门口经常停着一部吉普车,一有人按殷先生门口的电铃,吉普车上的人就注目以视。当时年轻气盛,总觉得他们在欺侮殷先生,所以,我们也怒目相向地注视回去。现在想来也觉得好笑。那年 10 月底以后,就没再见到这些人了。

原来,钱思亮校长与殷先生讲好,1967 年夏天殷先生就得正式解除台大教职的,但那年上半年,殷先生就患上了胃癌绝症,是郑华志陪他到宏恩医院检查出来的。因此,直到逝世他并未被正式解除教职,但却被解除了生存的权利。

后来,殷先生由宏恩医院转往台大医院开刀,台大医院有公保,只要住二等病房就不必另外交费。宏恩医院的费用是李敖付的,因为当时殷先生的学生中只有李敖有钱。我们没钱的学生,别的忙帮不上,只有轮流充当殷先生的特别护士。殷先生进开刀房的那天早上,正好我值班,回来看到殷先生被切下来的充满白色癌细胞的胃,好不恐怖。

开刀后,殷先生回家休养,医生说只可以拖半年到一年。西医已经绝望,可怜殷师母到处遍访单方草药,殷先生不忍拂逆师母之意,也一碗一碗地捏着鼻子不知喝了多少怪味苦药,而常常向我们学生抱怨。半年过去了,一年也过去了,殷师母自喜访得灵药,殷先生也不再抱怨了;并且,在病情稍微稳定之后,殷先生又开始了他的思想研究工作。殷先生这种劝学的精神恐怕不是那些明星学者所能及的。

1969 年秋天，殷先生病情恶化，9 月 12 日由殷师母和陈鼓应护送至台大医院，16 日逝世于台大医院。至于详细情形，当时我有一个《殷海光先生临终日志》的报告。

二

殷先生提倡理性，反对权威主义，从他经常告诉我们"吾爱吾师，吾犹爱真理"中就可得知。他有二位最崇敬的老师，一是金岳霖，一是熊十力，但金、熊二位的学问却是南辕北辙。不过，在学问上他是接近金先生的，但在性格上他更接近熊先生。记得当他在客厅中听到国外来客告诉他，熊先生在大陆逝世了时，他默然很久，反过身去，擦干了眼泪再继续与来客谈熊先生的事。他自己说，他与熊先生的学问不同，他自己就是一个"吾爱吾师，吾犹爱真理"的实践者。所以，殷先生生前，是允许我们有不同意见和他辩论的。

殷先生写过一篇提倡成立"讲理俱乐部"的文章，他自己也是一个讲理的实践者；老实说，他对于一些不讲理的政治八股嗤之以鼻，这是许多人都知道的。有一次，他转述熊先生的话说，这些八股教条只合揩屁股用。他跟学生辩论，有时辞穷，或学生的有些问题答不上来，他绝不会扯些不相干的话来搪塞，而是思考一阵后回答"这个问题我没有考虑过"。听殷先生说，这句话也是金先生常说的。

我看见殷先生的时候，他已满头白发，听说是雷震先生被捕之后，开始急速增加的，那是他看到自由民主的希望破灭的焦虑所致。在他晚年，我们受业殷先生门下时，基本上他只有学生，没有什么更多的朋友往来。在台湾稍微有一点身份地位的人都不愿和殷海光往来而惹麻烦，这是我们能够理解的。在孤立无援的情形下，殷先生凭什么力量长期处于横逆之中？据我所知，那是一股生命内在的道德力量。他常常说："我不分享这个时代的价值。"有人觉得他愤世嫉俗，有人觉得他孤傲自许。他常常说："在现实上他们能屈服我们，但在道德上我们永远鄙视他们！""他们能消灭我们的身体，但消灭不了我说出去的真理。"我永远不会忘记，他告诉我们说："一个思想家的责任，就是告诉群众如何不受欺骗。"他是一个充满了道德思想的使徒。殷先生生前的论敌之一徐复观先生在他死后说："由他的硬骨头，真热情发出的精光，照耀在许多软体动物之上，曾逼得他们声息毫无，原形毕露。"

徐复观先生与殷先生是公开论战的对手，但我之到东海大学去请教徐先生是殷先生要我去的。由于我在系里选了一些中国哲学的课，深感中国哲学之深奥，但不能同意授课先生的一些观点，遂向殷先生请教，殷先生则告诉我，他对中国哲学缺乏深入研究，而要我去向徐先生请教。我想有门户之见的学界，很少有像殷先生这样的"开放心灵"。虽然，后来徐先生到香港去了，但每次徐先生返台，我总不愿失去请教的机会。从徐先生发表的对殷先生的追悼文看来，徐、殷二位先生虽曰"文人相轻"，亦能"惺惺相惜"。

殷先生常常对我们学生讲，他是"但开风气不为师"的。香港有人说,殷先生在台湾哲学界是逻辑的提倡者,而不是逻辑学家。殷先生后来不教逻辑课了,他也对我们说过,他的学生何秀煌、刘福增的逻辑比他好。并且,极力向洪耀勋系主任推荐刘福增到台大教逻辑;后来又看到林正弘写的讨论逻辑的文章,极力推荐林正弘。

严格地说,殷先生虽然发表过不少逻辑与科学方法的论文(当时台湾应以他为最多),但他实在不能算是一个专技哲学的学术专家,主要的是他志不在此。他是一个热切地想在思想上为中国找寻出路的人。因此,也正是"但开风气不为师"。他对中国所怀抱的心情还是他在西南联大常喜吟的李白的诗句——

欲渡黄河冰塞川,将登太行雪满山。
停杯投箸不能食,拔剑四顾心茫然。

他看见中国社会政治的不平,他的逻辑使他成为为人间抱不平的"魔鬼的辩护士"。今天在台湾大学里,逻辑的教学水准已远超过殷先生当年,但却没有殷先生这样子的"魔鬼的辩护士"了。他们与殷先生不同,也许是缺少了殷先生那种道德理想的使命感。

三

殷先生的道德文章确实得到许多人由衷的敬仰,平日不一定看得出来,但在他住院期间,许多识与不识的学生朋友和社会人士,听说他身患癌症,都前往医院探病。甚至有从未与殷先生见过面的人从中南部赶上来探病的。开刀后,他身体孱弱,医生嘱

咐不得见客,我们只好在病房门口放一本访客签名簿,不知道的
人,还以为里面住了个什么达官贵人,可见公道自在人心。最令
我感动的是,一个在信义路旁摆书摊的老板,听说殷先生病了,马
上收拾书摊,到花店买了一束鲜花送来医院,站在病房门口向殷
先生鞠了一个躬就离去。我们请他签名,他说:"我是小人物,不
好意思留下名字。"

不过,在殷先生的生前死后也有不少的非议,除了政治的原
因外,许多非议是来自误解后的恶意,或者一些门户之见。我愿
就所知简单地替殷先生说几句话。

殷先生身为学者有他学院的一面,晚年他常常喜欢说"隔离
的智慧";但他又充满着时代的使命感,洋溢着炽人的热情。这
种理性与激情的冲突常在他心中翻腾。除了他生命的最后几年
外,终其一生他是一个投入时代洪流的知识分子,而不是一个与
世隔绝的象牙塔里的学究。

殷先生一生所投入的这几十年,在中国,又是一个充满了矛
盾和巨变的时代;一个投入这洪流而与时代脉搏共跳动的知识分
子,也就不免充满矛盾与巨变。这不仅是殷先生,而是近代中国
知识分子所共同具有的性格。由于时代变化得太快,一个有良知
而愿向历史负责的知识分子不能不也随之变化。博学天才如梁
任公不得不说"不惮以今日之我与昨日之我挑战"。另外,巨大
的政治暴力也会压迫知识分子变化,如冯友兰也坦承"若惊道术
多变迁,请向兴亡事里寻"。殷先生也说:"我最大的特质就是否
定自己。"

在殷先生思想生命的过程中,他确实是经常"否定自己"的,

并且,他的"否定自己"是与时代的巨变与俱的,而毫不含糊,这也是一个知识分子对其良知负责的态度。如果在这过程中有什么错误,那只能说是历史的错误,谁叫他生在这一个伟大、苦难而又错误的历史中。

殷先生是生在"五四"的那一年,而在抗战的时候就读西南联大的清华哲学研究所。他从小一足微跛,不良于行,而在抗战最吃紧的时候,以研究生而青年从军。一些在抗战时期不管前方吃紧只管后方紧吃的人,居然到台湾来说殷先生不爱国,天下宁有此理乎?

抗战胜利后,殷先生曾任《扫荡报》和《中央日报》的主笔。如果读过他这一时期的文章,或他写的《光明前之黑暗》,很难不说他是一个法西斯分子。但任何人不能诬蔑他的真诚。

到台湾来,对大陆的失败他有深刻的反省,而与雷震先生等创刊《自由中国》并离开《中央日报》。第二次世界大战前后,全世界法西斯分子的口号都是"国家民族领袖",殷先生"否定自己"是很彻底的,也就是彻底否定那些被法西斯滥用的概念。他向往美国的自由主义,但也反对美国的法西斯,诸如麦加锡、三K党。

殷先生在不能写政论文章之后,仍在文化思想的层面上反对那些借"国家""民族""传统"之名的法西斯,他临死前才渐渐发现法西斯和国家、民族、传统这些概念是有区别的,但遗憾他并没有系统地写出来,只做了一点"病中语录"而已。如果说反对法西斯就是不爱国,那就是希特勒的口吻。所以,在西南联大当过殷先生训导的查良钊先生说,殷先生当年是一个"好学深思的爱国青年",直到死前仍是一个不折不扣的"爱国学者"。

四

殷先生的学生都认为纪念老师最好的方法,就是为殷先生出版文集。因为殷先生一生,文章比专书要写得多,而文章又散于各处,年久必将散失。但殷先生有许多文章,譬如在《自由中国》发表的,又不便在台湾印行,因此,海外的殷先生的学生就主张在香港出版。并且,《海光文选》是殷先生初患胃癌后就开始筹备的,但到现在并未按照原定计划出齐。

殷先生死后,在海外最早出版的一本是《殷海光近作选》(1969 年 11 月)。接着是《殷海光选集》第一卷(1971 年),选集原定三卷,其他二卷而今未闻下文。最后有卢苍兄独力编辑的一本《殷海光书信集》(1975 年)。在台湾则有 1969 年 10 月由陈鼓应兄编辑的《春蚕吐丝》,主要是殷先生的《病中语录》和他口述的自传。《病中语录》和《书信集》的出版聊以补充了殷先生最后几年思想未能留下记录的遗憾。

殷先生文选的不能如愿出版,一直是殷先生学生的遗憾,并且马上就要快到殷先生逝世十周年,殷先生生前将自己的光和热奉献给这个社会,作为尤其受过殷先生启发的学生,我们不能让殷先生死后在这个社会消失,并且文选的事,是我们在殷先生生前做过承诺的。但殷先生文选在台出版又困难重重。

去年暑假,一个偶然的机会,我在国际学舍遇见九思出版社的徐秀荣先生,谈及为殷先生出版文集的事,徐先生一口允诺,愿意克服一切困难,让殷先生文集能在台湾出版。承徐先生的厚意，我即找到一位殷先生台大经济系毕业的学生陈宏正兄，我知道宏正兄多少年来默默地遍访各地图书馆及旧书摊搜集资料，除了政论外，出版殷先生的文集不成问题。并找到鼓应兄一起讨论，决定竭尽全力在殷先生逝世十周年出版殷先生的文集。于是，我写信给殷师母告之此书之准备出版，盼能授权九思出版社。

殷师母从美国来信，委托殷先生生前好友夏道平先生主持其事，而由夏先生与殷先生的学生林毓生、洪成完共同负责编辑工作，终于《殷海光先生文集》在今年春天出版了。在出版的过程中，宏正兄多年来克服困难搜集的资料，是此书得以顺利出版的最大因素。

去年，鼓应兄把《春蚕吐丝》再版了，并发表了一篇纪念殷先生的文章，讨论殷先生最后几年思想的转变。

虽然，最后几年殷先生除了书信外，没有发表系统思想的文章，但接触殷先生的学生朋友都知道，殷先生的观点又有变化。因此，毓生兄在文集的代序中提到"殷先生的思想有很大的变化"，夏道平先生在跋中提到"我个人也有类似的感觉"。

从殷先生最后的书信，《病中语录》及个人亲受的殷先生教诲中可见，殷先生的思想确实有变化，有基本观念的转变，但转变后的一些观念尚不构成一套思想系统。所以，从他一些零碎的书信、语录、谈话中发现有不彻底的感觉。他自己也说，他的思想刚要成熟，就罹患癌症，他太不甘心了。

据我所知，殷先生思想转变的因素，一是写作《中国文化的展望》及以后的再思考，二是美国打越战。他写作《中国文化的展望》，发现中国文化不是一些法西斯说的那种"光荣""伟大"的

"传统"，而是有其真正沉潜的生命力和道德感；美国的越战打破了他对美国自由民主的幻想。

他常常指着《时代周刊》或《新闻周刊》的越战报导给我们看，并说："这是美国武器和越南人民的道德作战。"俄军镇压捷克的暴行曾使他义愤填膺，美军在越南的暴行也使他怒不可遏。有一次他拿一份《生活杂志》，指着上面的照片给我看，两个越南少年俘虏，一个十七岁一个十八岁，手铐铐在一起，傲首怒目，记得照片下的文字说明是：他们说"美国要代替法国来统治我们"。而殷先生义愤地说："两个好漂亮的小伙子！"

不要说殷先生这样一个具有良心而"天真"的读书人，就是美国政府的御用宣传家，也不能为美国的越南暴行辩护……因为殷先生思想虽有变化，但他深信自由民主为人类前途之所寄，是至死不渝的。

殷先生虽然晚年发现中国文化的真实的一面，但他绝不会成为一个"天地君亲师"的传统主义者，而是在科学上予以分析并肯定其价值的。他曾"不惮以今日之我与昨日之我挑战"地说："许多人拿近代西方的自由思想去衡量古代的中国而后施以抨击（胡适和我以前就犯了这种错误）。"在《中国文化的展望》中，殷先生还明白地反对帝国主义的"警棒"。

大家都知道殷先生的思想在变，但他的思想会变成如何，谁也没有办法回答这个问题了。但我可提供一个思索的参考：殷先生一生所作所为是言其所信，行其所信，他又充满理想与热情，而使他永远成为一个激进主义者。在抗战时，抛弃学业而投笔从戎，来台湾后为其所信之自由民主奋斗至死。观照他的一生，无论其思想如何变化，殷海光是不可能成为一个妥协的、保守的、冷漠的"冷血动物"或"软体动物"的。

最后，我不敢说殷先生是什么创格完人，但在殷先生奉献的一生过程中，如果他有什么缺憾，那也应该是缺憾还诸天地。

在殷先生的学生中，我是最年轻识浅的，也是最不具资格来谈殷先生生平与思想的学生，但由于宏正兄的鼓励，及适《鼓声》发行人鼓应兄正在美国旅行，《鼓声》编辑又把这个责任推到我身上，我只有勉力为之。若本文有损殷先生令名之处，那么我的罪过就大了。

琐忆殷海光老师

叶新云

常常想起逝去的殷海光老师。

在我们的生命历程里,后死者总要忍受着失去一些亲人、师长、朋友的哀伤,而死者的一些事情、一些内外在特质时而会勾引起我们的思念。但对于海光先生的怀念,在我不仅是对于一位师长的想念,不仅是对于一位熟识而逝去的故人的怀念,而是对于一位知识分子——一位现代中国知识分子的怀念。由此我也常常联想到近代中国,想到它应该需要怎样的知识分子的一些问题。每每在这样绵绵的怀念与思考中,浑然不觉时光的消逝……

时光消逝得很快,转眼故人离我而去已经十多年了。

最早知道"殷海光"这一名字是在我念高中的时候,那时因贪读课外书,偶然的机会里读到他的《旅人小记》。那是一本他短期旅美的杂感记录,其中有几个片段给我极深的印象。到现在,我还能记起他讲洋和尚学逻辑的情况。当时的殷先生对于逻辑"非常崇拜",认为是一种促进思想的利器。当他见到保守的修士居然读起现代逻辑来,便感到出奇地兴奋;兴奋之余也就不免一种遗憾:因为中国学人古来未能发展逻辑,到今天仍不予重视,思想上要避免含混、模糊的景况实在很难。这是他的感慨。

在另一篇章里,他提起美国事事讲效率的观念并不是很正确的观念。他问到一个美国朋友说:"是不是凡事只要求快求速就是好?"那位朋友不假思索地回答道:"当然。"殷先生接着说:"那么人是越早进棺材就越好吗?"这下美国朋友答不出声来。殷先生得意地写道:这记"逻辑闷棍"着着实实地打到对方的痛处。这一则趣谈原文如何叙述,我已不复记忆,但大意有如上述;至于"逻辑闷棍"四字,是怎么也忘不了的。《小记》给我的印象是作者观察细致,随处可以看到一个肯于思考的人的疑问与意见。

以后,我和我的一位同学合购了一册《逻辑新引》,这是我第二次读殷先生的书。《新引》是用对话体写成的一本介绍逻辑的著作。依我现在的看法,《新引》是殷先生所写的一切书籍文章中,最为成功的一本著作。说它成功,并不表示该书毫无疵错。事实上,留心逻辑的学者,都可以指出该书最后一章有关逻辑典册的书目中包含着一些错误。但作为一本初阶的逻辑著作,该书实含有许多优点。把枯硬的符号逻辑,写得那么生动活泼,让人觉得兴味不绝,这是很难得的。而且,作者随处提醒一些思想的陷阱,指出思想上的一些障碍,破除一般惯有的思想成见……这些都能给初学者良好的启发。难怪初读逻辑的我,反复地把《新引》研读数次,始终感到兴味盎然。

不久,《自由中国》月刊遭禁,杂志发行人雷震被捕。当时作为学生的我们,自是不能明了其中的详情底蕴。我们只知道:《自由中国》月刊是一份讨论西方自由民主观念、制度,并对时政提出许多批评与建议的刊物。少年血气方刚,不谙世故,看到这类文字,觉得"理所当然"。脱离了帝制统治的中国,谁不愿意国人理性逐步高升、精神飞扬地活在地球上?《自由中国》遭禁,使许多怀抱理想的人士惊愕、叹惋。我那时的感觉是一连串的困惑。

就在这个时候,我在《公论报》上看到一份由殷海光、夏道平、宋文明三人署名的声明。声明上讲,《自由中国》里的主要社论,多是三人所写,如果雷震因言论入罪,那么该负责任的是他们三人,因此,要求执政当局惟他们是问,并释放无言责的雷震。这是一篇有理想、有操持、肯负责的知识分子的声明。我噙着泪水看完这篇声明,觉得海光先生实在是现代中国难得的知识分子。他那临难不苟免的形象,使我永难忘怀。

在我亲身认识海光先生以后,我也不时地听到、读到一些人士对他学问、人品方面的指责与批评。这些批评自也有一些中肯的地方。但每一念及他那难得的耿介性格,想到他发表声明的凛然之气,总让我们明白地认出:一些批评者的形象比起他的形象来,要矮小得多。

进入大学之后,我才有机会亲接殷先生,并聆听他的教导。由于先生平易近人,当时学校的风气也比较活泼,先生下课后总被好些同学围住;大家多么希望从他那里得到一些智慧的启发!在这种情况下,先生总不叫人失望:或简洁地回答问题,或介绍新近重要的书籍,或审慎地分析某个观念,或解说一两桩事理,或详细地讨论一段史实……无论是哪一桩,先生总是耐着性子,晃着他满是白发的脑袋,指手划脚地为同学开导、启蒙。有人提醒他说,花在学生身上的时间太多了;他总是微笑地回复说,青年是社会的新希望,理性的光芒必须趁早自青年的头脑中开发出来。他虽时常为同学们解析观念,申说议论,回答问题,但在我的记忆里,他很少作决断性的结论。挂在他嘴边的口头禅是:"这好复杂哟!"他希望同学们自己能思考、自己找结论,而不是随便地接受现成的一个结论。

我不止一次地听到他提到影响他最大的两位近代中国思想家:一是熊十力,一是金岳霖。熊先生似乎认识殷先生的一位长辈,因此他很早就见过熊先生。他常讲十力先生治学方法与旨趣跟他的并不相同,但他觉得熊先生作为一个哲学家,人格高超,气象弘伟,在现代学人当中是很突出的人物。熊先生抱遗经、倡儒学,读书立言,艰苦卓绝,而终其一生不与现实妥协、不媚众阿世、不交权贵小人,甚或大学教席之设因与志趣不合,也弃而不就。殷先生对熊先生的推崇便在于他人格的宏大上。他自己认为性行上很受熊先生影响。

学问上殷先生觉得比较接近金岳霖。金先生留学过英国,对罗素、摩尔等人的解析哲学有一定的认识。照殷先生的讲法,金先生自己动辄也喜欢用分析方法。殷先生说,有一个词儿经常挂在金先生口边,那就是"不相干"。使用分析方法旨在把复杂的问题或观念化约成较单纯的一些问题与观念,在这一过程中,便要把"不相干"的东西抛去,而分析方法的善用便在于把一切"相干"的东西加以保留。殷先生认为分别相干与不相干的因素,实在要有很多的学问与思考能力。他觉得许多人学问做不好、思想上混沌一片,主要地是"胡子头发一把抓"——分不清相干与不相干因素的缘故。殷先生曾经让我读一段金先生在他自己著作上的序文。那段文字意思是:由于中年起才开始研习逻辑,因为欠缺年少人的敏锐与方便,所以在这方面的造诣始终未能如愿。殷先生要让后辈明白,前人做学问是怎样地谦虚、慎重!

我因家住台北,跟殷先生见面机会不少,书信往来成为不必要;但寒暑假期,有时也会意外地获得他的一二书札。可惜这几封信件随着其他书籍,在一次台风的袭击下,因为大水泛滥淹及屋梁,全遭洗劫而去。其中有一封信,因为印象深刻,我还能记得大意。信的意思是这样的:

> 农夫种田给人饭吃,泥瓦匠盖房子给人住,清道夫清除街道予人以整洁……我觉得世上之人,人人对社会有贡献,对世界有帮助。试问哲学家的贡献是什么?他的存在对世界又有哪样的助益?读了一本又一本的哲学原典,就算是哲学家吗?能玩弄一些玄之又玄的抽象名词,就算是哲学家吗?什么是哲学家?一个思想家与社会应该有着怎样的关系?这类问题要好好地想一想。我自己就不停地思索着这类问题。

我的复述自然无法再现他原信的味道,但他信中的主要意思大致如此。一个讲究哲学分析的人,一个推崇过逻辑实证论的人,却能时时留意哲学与社会的关系,时时反想哲学到底对社会是否能有所贡献:殷先生岂是冷然的、象牙塔内的、经院学派式的学者？自杜威之后，哲学成了诸种学科的一科，鲜有人提到哲学与社会的关系。在号称显学的一些分析哲学大师的著作里，我们看不到他们讨论社会、文化的文字，看不到他们论述时代问题的意见。但最近十来年里，情形有了稍许改变：尽管大师们仍然侧重于语言分析、知识根本问题的讨论，但已有不少人注意到哲学与实际世界问题的关系方面。海光先生能在分析哲学的"盛世"觉察哲学与实际联系的重要，可说是极难得的。

殷先生有几次同我谈到如何成为一个良好的思想家的问题。由于我每次询问的问题偏于一个侧面，他的回答也就局限于某一范围。有一次我的发问比较全面而具体：我问及成为一个思想家的准备功夫有哪些？他一时间非常兴奋，为我画了下面一张图表：

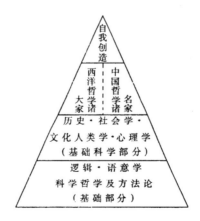

他画完这张表后，面色突然很凝重地对我讲，这是他几十年来为学"失败"的痛苦经验，希望后来的人不要看轻这个图表。一个文名满海内的长者，一个已经著述等身的学者，突然对初开

茅塞的学子自承他为学"失败",该要有多大的勇气! 对学术怀有多大的虔敬之心! 我后来在报章杂志上,看到不少名流、博士,小有所见便欣喜若狂,偶有所获便大叫大嚷的情况,委实感到恶心。更有一些教授、名人,专门搬神弄鬼,诳骗无知社会,以遂其自我吹嘘的目的;这在我看来,难免不感到痛心的。

今天回过头来看殷先生这张图表,我想有几点意见应该加进去:

(一)殷先生特别看重基本训练——基本方法论的训练以及基本科学的素养。他说这是"站桩"的功夫。拳要打得好,基本的站桩功夫要打得扎实。同理,思想要缜密,不可忽略方法论及科学基本知识。

(二)跟一般人对于殷先生的想象刚好相反,殷先生极重视一个思想家对于中国思想的理解,因此,表中有研索中国哲学名家的一项要求。但要注意,"理解"并不意味"崇拜",一如"批评"并不意味"刁难"。理解、认识、认知在殷先生看来是国人最必要的训练,是吾人摆脱蒙昧现象的必需条件。

(三)这个表之所以有那么些社会科学,主要地反映当时殷先生的兴趣所在。那时候的他,正在研讨中国思想史,他自然觉得社会科学乃必备功夫。研讨形上学、知识论的学者,尽可在基本科学一栏用其他如物理科学代替,而无损于这个图表的有用性。

海光先生同朋友、学生在一块,只会讨论两件事情:一是学术上的疑难、争论,一是天下大事的议论与评析。除了这两桩事情之外,他绝少提到其他琐屑的事情。学术讨论,本是读书人的分内事;对于这一分内事,我从未看到殷先生有疲倦的神态。不要以为这一分内事是每个读书人都在尽心尽力地做的。只要对新儒林内情稍有所知的人,都能细数多少人把学术当敲门砖子,而又有多少人其生活内容是浅薄无聊,不堪闻问的。

关于天下大事的关心与讨论,也许从现代专业化的"专家"看来,认为只要不是从政者或研讨政治学问的,大可不必饶舌。殷先生的看法不一样。他曾经提出两个论证来论述读书人讨论天下事的重要性。

第一,他认为社会与个人有着密切的联系。他以为良好的社会依赖众多良好的个人来建立;因此,要求要有理性的社会诞生,便要有众多有理性的个人。要求要有民主的社会产生,便要有众多的个人来参与。参与民主政治的活动的起点,便在于政治、天下事的讨论上。讨论,有效的讨论,合理的讨论,不背逻辑的讨论,是训练民主最最基本的要件。

第二,他一直认为知识分子要有"以天下为己任"的胸怀。他不止一次地告诉他的学生:罗素、爱因斯坦诸人之所以伟大,不光是在于他们的学术造诣,实更在于他们的眼界与心胸。这些人视四海为一家,看天下人如手足,立论的立足点始终放在整个世界上。他认为中国的读书人如果能像罗素等人那样取世界如一家的眼界立论行事,那自然是很值得称述的。但一百几十年来,我们的国家遭到无数的灾难,作为知识分子不能辞去为中国求答案的责任。因此,他认为一个知识分子至少要关爱他的社会,要明白它的一些问题,要试图去找答案。在这一过程里,中国知识分子不可避免地要触及天下大事的探讨。

他热爱中国社会的心,是每个熟识他的人都可以感觉得到的。我便好几次看到他讲起灾难中的中国情况,他眼中含着晶莹的泪水。但世界上最够讽刺的事情是:由于他的"热衷肠",由于他热切地讨论政治、关爱社会,由于他不惜羽毛地急切提出自己的看法,他的一生中充满人家对他的嫉害、诬陷与打击,而真正理解他、分享他的情操的人又有多少?

"知我者谓我心忧,不知我者谓我何求?"

忧心如焚是他热爱中国社会的情怀。而他的基本政治、经济思想,在我看来,始终不出自由主义的保守主义。他一直喜欢中年时期罗素倡导的个人主义;他对海耶克的自由经济思想可说全盘接受;而在他最后讨论中国文化的书籍里,他对孔仁孟义也作了相当程度的肯定。一个人怀有这样的思想,距离毒蛇猛兽远矣,为什么他不见容于高等学府? 为什么他的书籍要遭到禁制?为什么……

殷先生的声音无论多么激昂,无论多么尖锐,那声音只是要冲破蒙昧、愚呆、混乱、情绪主义的乌云,只是要让人知道理性的重要,并希望人们善于利用理性。

有了声音,就不怕没有聆听的人。

后记:殷先生于 1969 年 9 月病逝,此文作于 1979 年 8 月。我原想把它刊载在台北的一个刊物上,算是对于殷先生逝世十周年的一个小小纪念。但该杂志不幸夭折,文章也就不见世面。现在从抽屉中取出底稿,重加订正如右。

1982 年 3 月 5 日

殷海光先生所留下的

——纪念殷海光先生逝世九周年而作

陈鼓应

殷海光先生逝世整整有九个年头。这其间,内外情势有着巨大的变化。"石油危机"后,世界的经济结构有重新调整之势。从台湾看世界,最堪注意的,就是美国国力与声势的下降(殷先生生前已观察到:"美国打越战及国内动乱,威望一落千丈。"见卢苍编《殷海光书信集》,香港版,第19页),它的跨国公司在发展中地区的为害,因着当地民众的认识与觉醒,引起普遍的谴责。与它同行的各类公害,经济掠取,政治控制及基地占领,无不受到同声声讨。连保守的自由主义者索忍尼辛对美国都发出了强烈的不满(见1978年6月5日在哈佛大学的演讲)。在这前后,我经常遇到人问说:"殷先生如果还在,他对内外局势会有怎样的看法,他的看法有改变的可能吗?"

如果殷先生还在,他的许多看法是否会改变呢? 他自己曾说:"在文人中,我似乎是最不'敝帚自珍'的人。我想我在为学上很少长处。然而,我想我真正是'不惜以今日之我与昨日之我挑战'的人。"(1968 年 7 月 5 日给卢鸿材信,见《书信集》)殷先生的认知态度就是追求真理,在认识的过程中,发现错误便随时修正。他说:"有这么多的问题,逼着我反应并求解答。这使我不能不思索,并且焦虑地思索。"(《殷海光选集》自叙)像他这样勤于思索问题的人,在激变的环境中,对重大问题的反应与解答,是必然会随着认识的增加而作重新调整与修订的。

一、一个反传统主义者走向非传统主义者

从殷先生著作上所表现的,构成他思想的主要部分,一是对科学思想的提倡,一是对封建意识的批判。他对西方学问的研究,着重在科学思想方法上;他对中国文化的认识,偏重在礼教影响的层面上。

对于中国文化,殷先生基本上是承袭"五四"以后自由主义的观点,用力在糟粕部分的掊击而忽略了精华的部分,直到他晚年,才突破自由主义者视线之所限。然而,殷先生对中国文化的态度,与其说是学承因素的影响,毋宁说是对官方意识形态及学界思想空气的一种反应。

二十世纪四十年代到六十年代间,此地守旧的势力依然很顽强,"发扬中国文化"成了官方人士的口头禅,而他们所谓的"中国文化",不过是儒家的治道而已。这是殷先生据以评析"中国文化"的主要素材。在这种环境下,学界中浮现出一批"新儒家",他们和官方所标榜的儒家,有着若即若离的关系:一方面他们不满官方人士的不学无术,不能了解儒家的"真义"(这是"若

离"的一面）；另方面他们对于官方的尊孔贤孟，私心窃喜（这是
"若即"的一面）。新儒家除了尊孔之外，对于继承"道统"自任的
朱熹特别垂青。殷先生谈到"保守主义"时，批评这班义理派善
于打"道德的官腔"（见《中国文化的展望》第 254 页），他指出：
"理学与孔制走上支撑现实权威的道路。而现实权威也正需要
理学所贡奉的'正统'观念来使它在文化中合法化。"（同书第 259
页）殷先生对于港台学界人士"将'历史'与'文化'染以'道统'
和'理学'色彩"（同书第 28 页）的作风，感到十分不满。他批评：
"这等人士之谈'历史文化'，先设立了一套玄学，这一套玄学是
采取黑格尔精神现象衍发的轨辙，加上拟以康德的理性架构洗礼
过中国理学。"（同书第 82 页）这些纸上空谈文化的玄学客，"发
论回避世界"（第 24 页），编织"承继'道统'的美梦"，目的只在于
"使他们忘记现实世界"（同书序言）。

殷先生对于"中国文化"的诸多批评，可说直接来自于这样
的一个背景。所以，与其说他在批评中国文化，不如说他在批判
这种思想空气的环境。

《中国文化的展望》出版后，有位金教授拜访殷先生，提出这
样的读后感："港台的学术行情（按指新儒家的论调），并不代表
中国文化；谈中国文化的发展，不应以台湾为思想坐标，应以整个
中国为思想坐标。"这意见，殷先生欣然同意。

1968 年 10 月间，殷先生给林毓生信上说："直到五年以前，
我一直是一个反传统主义者。现在呢？我只能自称为一个 Non-
traditionalist（非传统主义者）。虽然，我现在仍然受着中国文化的
许多扼制，但我已跳出过去的格局，而对它作客观的体察。"（见

《书信集》）

晚年,殷先生对中国文化的看法,较能透破"时代的迷雾"。他曾反省说,"就长远过程来观察",中国社会有"足以维护一个民族悠久的生命和存在的价值"(《春蚕吐丝》第53—54页)。这类看法,屡见于他最后的谈话中。

殷先生对于中国文化观点的调整,能由糟粕部分的批判转而对精华部分的欣赏,一方面是由于他对中国近代思想史的研究工作,使他对本国历史文化的发展有了许多不同的了解;另方面是他晚年处于极度的困境,这处境有助于他真切体认在困患中形成的中国文化。还有一个重要因素,是他发现"西方文明走向死胡同了"(《春蚕吐丝》第58页)。

二、对胡适的批评

有些人以为殷先生是西化派,甚至还有人认为他是西化派的主帅(1962年10月间,殷先生给林毓生信,提到这样的一段往事:"据道路传闻,说在西化派这一方面,是我在后面调度。咳!这真是天大的冤枉。年来我形同隐居,不问外事,报也不看了。除教书糊口以外,我惟一努力的工作就是完成《中国近代思想史》。哪有闲空去搅这个浑水!只是这场论战中,有一方面是我的学生。在论战之初,他们三四人——并不止一位——前来问计。我对这桩事的态度非常鲜明,我说:第一,我个人决不写文章;要不要打笔仗,这是你们自己的事。' 可是,'我又说,'如果你们决定打笔仗的话,就得在技术和学问上站得住脚,以免为人所乘。'哦嗬!此语一出,那三四位就纷纷拿文章来改。这么一来,大家就纷纷议论,说是这些人代他们的老师出马作战。其实,在他们之中,有的个性特强,即令我细心改其作品,也不见得完全接受。比如你所指责的'文明即梅毒'的怪论,我一再力主删去。无如该作者拒绝接受。结果外面的人骂我,说我教出这样的门人。……天哪!殷海光固然学问欠佳,何至于唱那些奇说?"(见《书信集》第146页)要是读过他晚期作品的人,就不会有这种错觉。晚年,他对于西化派有许多精到的批评,对西方社会的现况,也有不同往常的评析。

殷先生提到西化派时,首先指出他们在"心理方面的作用违拗"。他说:"有了这种心理作用的人士,有时标榜'全盘西化'。他们见了传统派就反。这也是缺乏理智的表现。"(《中国文化的展望》序言)他在专题讨论"西化的主张"时说:"直到目前为止,西化的主张只在'应变''模仿'和'羡慕'这几个观念上打滚。因此,西化的声浪固然曾经很大,可是依然是情绪的要求重于认知的论证。"(同书第373页)他以胡适和陈序经作为西化派的选样人物而加以评析。

殷先生指胡适对西化观点的立场是:"维多利亚式的乐观心情看西洋近代文明,只看得见玫瑰色的一面看不见阴暗的一面。"因而评论说:"由此足见一个人的'选择的注意力'对人的认知影响,可以多么深。"所谓"选择的注意力",其实就是立场的问题。立场的限制,自然就影响到一个人的立论角度。殷先生对胡适看不见西洋文明"阴暗的一面"的批评,是很恰切的。不仅胡适如此,这也是所有西化人士最大的盲点。

殷先生常向人说:"胡适把学问当宣传来搞。"胡适的"治学方法",最具口号化的,莫过于所谓"大胆假设,小心求证"和"拿证据来!"经此地新闻媒介的渲染,几乎成了口头禅。

殷先生批评胡适"拿证据来"的想法,"是未曾透视到人类心灵的里层"。他提出三点评论:"(一)小问题容易诉诸证据来解决,大问题不容易诉诸证据来解决。(二)构造简单的问题容易诉诸证据来解决,构造复杂的问题不容易诉诸证据来解决。(三)直接的问题容易诉诸证据来解决,间接的问题不容易诉诸证据来解决。"(同书第415页)

对于"大胆假设,小心求证"的说辞,殷先生认为"假设"这个名词,如果要在知识或科学上有意义,那就不可用得太泛,而必须有一定的"指谓范围"。在方法学上,要建立有效的假设,要依循这些准则:第一,假设必须与所要说明或预测的×相干。第二,假设必须可被证验。第三,较大的说明力和预测力。第四,简单性——指理论结构的简单性。第五,假设必须与既成的理论相容。可见"假设"的建立,不能全凭胆子的大小,总得有些方法学的训练。所谓"大胆""小心",那是心理状态方面的事。而心理状态方面的事,与理论结构毫不相干。(详见《论大胆假设,小心求证》,收在《思想与方法》内)

殷先生赞同胡适早期的言论,但认为"胡适晚期的许多言论只能算是附和一股烟雾的'客气话'"(《中国文化的展望》第415页)。现在还有人把胡适和殷海光相提并论,其实他们之间的分歧,早在有关《容忍与自由》(《自由中国》杂志二十卷六期)的论辩上,就十分明显。

1959年3月间,胡适发表《容忍与自由》,引用保守的自由主义者布尔(G.L.Burr)的话:"我年纪越大,越感觉得容忍比自由更重要。"胡适表示:这个社会,能容忍他的无神论,而没有人用石头掷他,把他关在监狱里,他享受了四十多年这种自由,因此很感激这个社会的容忍度量。对于胡适这种妥协主义的论调,殷先生立即写了一篇《读后》,指出:"同样是容忍,无权无势的人易,有权有势的人难。有权有势的人颐指气使惯了,与这类人士容忍,真比缆绳穿过针孔更难。……自古至今,容忍的总是老百姓,被容忍的总是统治者。所以,我们根据经验事实,认为适之先生要提倡容忍的话,还得多向这类人士说法。我们认为胡先生不应以这个社会对你的'无神的思想'容忍为满足,而应以使千千万万人不因任何'思想问题'而遭监禁甚至杀害为己任。"(《自由中国》二十卷七期)这场论辩,在台湾自由主义言论史上,有阶段性的意义。殷先生在台的一二十年间,能成为言论界有代表性意义的人物,而胡适的思想对青年人不起影响作用,个中的原因从这个论题上很清楚地显示出来。尤可注意的是,胡适发表这篇文章的动机:因着《自由中国》杂志发生"陈怀琪事件"(有位署名陈怀琪的读者,投书:《革命军人为何要以"狗"自居?》,一个月后各报刊登《陈怀琪警告〈自由中国〉杂志社启事》。详见《自由中国》二十卷二期、五期),胡适见事态严重,立即示意文人要缩回笔杆,对当局"容忍",因为所给予的"自由"已经太多了。接着又给《自由中国》社一封信(刊在二十卷七期),坚决要辞掉发行人的名义,同时指责:应从"陈怀琪事件"中检讨编辑方式的欠妥。胡适这次的言行,十足表现出这类自由主义者的软弱性与投机性。日后殷先生在论及"自由主义的趋向"(《中国文化的展望》第九章)

时,说到自由主义者很少能够应付左右的夹攻,指出:"时代环境
的压力固然是一大原因,自由主义者本身的思想脆软稀薄也是一
重要原因。"这实在是有感而发的。

　　1953 年间,胡适在美国和一个曾任台湾高官的人打笔战,他
根据治安机关所递送的一份资料作为答辩的理由。那时殷先生
在哈佛进修,他读后立刻写了一封长信给胡适,内中指责他:"代
表自由主义,享受自由主义,却未替自由主义流一滴血汗。"可见
他对胡适的评价,很早就有了转变。

　　接近殷先生的人,常会听到他对胡适作这样的评语:"早年
的胡适可打八十分,中年的胡适可得六十分,晚年的胡适只有四
十分。"他对陈平景说:"早年的胡适确有些光辉。晚年的胡适简
直沉沦为一个世俗的人了。他生怕大家不再捧他,唯恐忤逆现实
的权势,思想则步步向后溜。"(1966 年 2 月 26 日给陈平景信)有
一次他对我说:"胡适为了维护既得的声名于不坠,到处施以廉
价的微笑。"据韦政通的回忆,殷先生有两次批评胡适:"第一次
说胡适是个大乡愿;第二次他非常气愤地提到一件往事:'胡适
在北大当校长,学生闹学潮,办公室被学生包围了,他竟说:你们
再不离开,我一个电话打出去,你们就要被捉起来。这算什么民
主自由的斗士!'"(《我所知道的殷海光先生》,《大学杂志》三〇
期)另一件事,也使殷先生感到很气愤:雷震先生入狱,胡适自
始至终没有去牢里探望老友。当年陈独秀被捕,他也没去探监,
陈独秀请罗尔纲寄些有关太平天国的书到牢里,胡适还叫罗先生
不要寄,以免惹麻烦。从这些事情上,殷先生感到胡适太乡愿,太
没有正义感。他对胡适的批评,在文章上虽不多见,但在口头和

书信上,屡屡提及。下面是他给朋友、学生信中所留下的批评意见:

> 对现代中国问题的了解,……胡适等心智已经死亡……台湾知识分子因胡适以降都麻木了。(致朱一鸣信,见《殷海光书信集》第 20 页)

> 自胡适以降,对国事完全失去独立思考的判断力,几乎完全以权势集团的是非为是非。(《书信集》第 122 页)

> 如果我肯稍微迁就一下,何至弄到这样焦头烂额,四面楚歌?我之所以如此,就为了这一点理想,同时也为后世证明,中国知识分子并不都像胡适那样在心灵上死光了。(同书第 126 页)

> "五四"以来的自由知识分子,自胡适以降,像风卷残云似的,消失在天边。我从来没有看见中国的知识分子像这样苍白失色,目无神光。他们的亡失,他们的衰颓,和当年比较起来,前后判若两种人。在这样的氛围里,怀抱自己的想法的人之陷于孤独,无宁是时代的写照。(1966 年 12 月 1 日给林毓生信,见《书信集》第 165 页)

> 有人说台湾的经济是"浅碟子经济"。这个模型用来描状胡适学问,再恰当也没有了。从表面看来,胡博士的学问很博;可是,稍一究诘,真是浅得很。像这样的人,如何不像你所说的"终生崇拜这样的美国文明"?令人遗憾的是,这类人物居然成了学术重镇。(1968 年 5 月 9 日给林毓生信,见《书信集》第 186 页)

> 胡适之流的学养和思想的根基太单薄。以"终生崇拜

美国文明"的人,怎能负起中国文艺复兴的领导责任? 更何况他所崇拜的美国文明主要是五十年前的? 他虽长住美国,其实是在新闻边沿和考据纸堆里过日子。(1968 年 9 月 24日给林毓生信,见《书信集》第 212 页)

殷先生指出胡适等人心智"麻木",对"国事",对"现代中国问题"的立论,"几乎完全以权势集团的是非为是非"。他们的"享受声华"(见《殷海光选集》自叙),保全既得的地位,和殷先生不肯"稍微迁就一下"而弄到"焦头烂额,四面楚歌"的地步,恰成尖锐的对比。

殷先生对胡适最着力的批评,莫过于揭露了他的御用的面貌。此外殷先生还说到胡适长住美国,"是在新闻边沿和考据纸堆里过日子",他的学问,跟五十年来近代学术的发展没有相干。

殷先生在书信中多处批评到美国的文明。在他给林毓生的另一封信上指出:"美国文明病象已经显露了。一个社会,技术肥肿,伦范消瘦,唯利是图,个个忙得失魂落魄。"(《书信集》第216 页)而胡适竟"终生崇拜这样的美国文明"!

另一处论及谈文化问题人士时,殷先生说:"胡适是一个美国主义者。陈序经是一个新闻记者式的宣传家。"(《书信集》第215 页)这是对西化派选样人物所作的一个概括性的评语。

三、对西化主张的批评

在西化的主张上,陈序经的态度比胡适还要彻底,还要突出。殷先生对陈序经在这方面的主张,也批评得较严厉,认为"他的论据都是一些七扯八拉的话,一点也没有扣紧问题"(《中国文化的展望》第 391 页）。殷先生指出是否接受西方文化，根本不是陈序经所说的"应不应该"的问题，而是一个"文化竞争"的事实问题。殷先生对陈序经所说的西方文化比中国文化"进步得多"的论断，指出他没有先把"进步"的评准定妥。很多人喜欢用"进步"一词（特别是西化人士），而没有区别"进步"与"变化"是各属于不同的范畴。"变化"是由这一事件变成另一事件的一种事态，而"进步"则是对于某种变化所作的价值判断。某一变化是否为进步，要看我们对它的价值判断而定："手工杀人法变成核子杀人法，算不算是进步？就杀人的效率而言，这也许是惊人的进步，可是，就道德而言，就大成问题了。"（同书第 393—394 页）

对于西化派的主张，殷先生在作总评时，提出对"全盘西化有否必要"和"全盘西化有否可能"这两个问题进行讨论。谈到"全盘西化有否可能"时，殷先生指出，文化的变迁是有联系性的，任何人不可能把他们代代相传的文化从后门完全赶出去。谈到"全盘西化有否必要"时，他肯定西方文化在认识特征方面与科技发展方面的特殊成就，但他历数美国社会机械化与货化的倾向，以及为形形色色的虚无主义与狂热主义所笼罩的现象，而认为"近代西方文化不是许多人士所想象的那样健全，也不是他们所想象的那样'卫生'"（同书第 406 页）。

最后，殷先生对西化人士提出这样的一个劝告："我们不要想到实行一次'文化洗脑'，来欢迎西方文化。这既不可能，又无必要。"（同书第 410 页）

四、对美国文明的描述

殷先生对西化派的批评，和他对西方社会现况的观察是相应的。在他最后的著述中，对于西方人的基本人生态度、进步主义、市场文化等征性，有透彻的批评。他指出西方近代文明的成就，"确实是状貌堂皇，可是它的'精神内容'却走向空漠的原野"；"表面极其繁华，但内层却是凄凉、仿徨、失落的"。他指责西方所标榜的"进步主义"，产生的结果"无非是制造紧张，制造繁忙，制造污染的空气，或者把人类的占有欲带到遥远的星空而已"！他沉痛地抨击美国的"市场文化"，批评美国社会的普遍"货化"（以上所述，见《中国文化的展望》第401—406页及《春蚕吐丝·病中遗言》）。

殷先生在给学生的信上说："美国社会一般人的生活形态，几乎完全是城市化和工业化上面的副产品。美国一般人一天到晚，汽车冲冲冲，没有沉思，哪里可能含孕出深沉而远大的思想。"（《书信集》第135页）他在给一位微生物学家（朱一鸣）的信上则说："美国人普遍的人生观是'现世的享受主义'。……一百几十年来，美国的物质文明使美国发展成一个像四肢发达而心灵萎缩空虚的巨人。年轻一代的失落是明显的征兆。也许，一百多年后的人会看见美国像罗马帝国一样的衰落。"（《书信集》第15页）这些都是殷先生对西化派模型国的生活形态的评论。

与此同时，殷先生描述了这一代西化分子，所标榜的"现代化"和"现代人"的形象。他说："第二次世界大战之后，普遍出现了一种'现代人'。用我爱用的言词来说，这种人就是'无原则的人'。他自己只有基于生物欲求的价值系统,只有享用现代器用文明舒适地活着,此外无所坚持。于是,社会怎样地动向,他便去适应。这是一种现代化的'顺民'。"(《书信集》第 131 页)

殷先生所批评的美国文明的种种形相,其实都是资本主义下的经济生活的形相。若能从经济的角度加以论析,则在视线上将可跨过一大步。

除了尖锐地批判美国文明下的生活形态之外,殷先生对美国霸权的作风还有这样精辟的评论:"美国人似欲创霸,但缺乏霸术与经验。他们对于亚洲问题缺乏认知,对于其中的中国问题更缺乏认识。越战给予美国人的教训至大,使他们知道仅靠金钱同武力不能解决问题。……美国能给世界什么呢?除了金钱与武器以外,什么也没有了!"(《书信集》第 14 页)这些批评,对于台湾的美国主义者们不无参考的价值。

此外,殷先生还陈述:"西方世界,对外有侵略,对内有战争,并有社会罪恶。"(《中国文化的展望》第 401 页)这比索忍尼辛的看法更为进步。索氏只看到西方世界的社会罪恶,而昧于它的对外侵略,竟以为帝国主义的对外侵略是主持正义之战。对于帝国主义的"对外侵略",以及亚非地区人民的觉醒,殷先生也有所见,他引用 E. D. Vries 的话说:"欧洲人借着滥用他们军事上优势,并且受他们工业家渴求廉价原料所推动,以及为他们的大量生产找市场,欧洲国邦的政府把亚非地区独立的人民拉到他们的轴心里去,在经济上剥削他们,挫折其本土经济的成长和民族的生活,攻击他们的文化,并且把他们暴露在所谓西方文明的罪恶之下。"其实这也是今日新帝国主义活动的图形。面对各色帝国主义,"有色人种的责任是醒觉,并且挣脱他们的锁链"。于此,殷先生明确地表示"我们不要西方人的警棒",他说:"我们想不出任何理由一定要将自己的前途交给来自遥远地方的陌生面孔来支配。"(以上所引见《中国文化的展望》第 454 页)

"西方人确曾借着种种优越的力量把他们的支配之手伸向亚非地区;但是这也激发起亚非地区一般人民独立的醒觉,或民族意识的高涨。"(同上引)这观点在以往殷先生的作品里虽不多见,但在这里也可看出他对反帝的民族主义思潮有所认识。

五、民族认同与同胞爱

近代中国的灾难史与奋斗史,与帝国主义侵华史有着不可分的关系。殷先生的一生,生活在帝国主义所造成的中国悲剧的时空里。青年期间,适逢日本帝国主义侵凌,他怀着满腔爱国的热情,投笔从戎,以行动投入反帝的行列。中年以后,屈处台湾,对于民族命运的关切之心,对于苦难同胞的关怀之情,可谓与时俱增。

殷先生是有强烈同胞爱与民族认同感的人。诚如王晓波所说:"他有强烈的故乡向往,每言'家住长江头'便潜然泪下。其数十年来,不畏权势而奋笔为文,其基本出发点,乃是对中国人民的热爱。"(《殷海光先生临终日志》)殷先生自己也说:"我有同胞爱,我有故乡之恋。午夜梦回,听鸡声喔喔,辄兴故乡之忆,心情凄然。"(《书信集》第 122 页)

殷先生病重住在台大医院时,暑天酷热,同学替他买了一条粗线的手帕揩汗,同学告诉他说这是故乡同胞做的,他眼睛一亮,拿在手上瞧了又瞧,然后端在脸上,揩着,揩着,抚紧了手帕,揩了又揩。那副表情,令我至今难忘。

殷先生癌症开刀不久,我陪徐复观先生去看他。徐先生刚从香港回来,那时"文化大革命"正在热烈进行着,谈起大陆,两人兴头很浓,徐先生则评述红卫兵破的一面,结语时说:"中华民族是经得起苦难的煎熬的,我坚信我们的民族是有前途的。"殷先生听了这话,兴奋得站起来,握着徐老的手说:"好,让我们共同为民族的前途而奋斗。"

殷先生逝世前的二三年,计划写《中国近代思想史》,这期间,他对中国问题越来越关心。他在给朱一鸣教授的信上说:"来信所说要'为中国□□□□□'。这恰恰是我二十多年来为学苦思的重点。午夜梦回,苦思焦虑的,就是故土故人,大地山河,七亿同胞的和平、生命、幸福的问题。我虽身陷困逆,对这些问题未尝一日去怀。"(《书信集》第 13 页)他想问题,总是从中国整个大局来想,而非仅局限于台湾一隅。他在给卢鸿材的信上则说:"关于中国近半个世纪以来惊天动地的大问题,我们必须力求从各个不同的重要层面作可能的客观了解。这样才算是诚心追求真理。"(《书信集》第 287 页)在求了解的动机下,他广托海外的朋友、学生选购所需的书籍。他在给司马长风的信上说:"中国问题,将来一定是在和平民主方式下来解决。我们必须为这事打基础,不要怕路远。"(《书信集》第 32 页)他批评美国对华政策时说:"美国二十年来的对华政策,系基于传教士之无知,Macarthy(麦加锡)主义的势力,有产者与有产者结纳维持现状,情绪不愉快等等。美国决策人士对中国问题常发言盈廷,振振有词,其实没有抓着紧要处。"(《书信集》第 16 页)他期望未来,"中美二大民族实现'和平共存'"(同书第 125 页),"交流文化"(第16 页)。

六、风骨嶙峋的知识分子

殷先生是位典型的悲剧性的知识分子,终其一生,"遭受着寂寞、凄凉和横逆"。他在《选集》的自叙中说:"我有时感到有无数的同伴,但有时又感到自己只是一个孤独的旅人。"在时代大风浪的吹袭下,眼看他的"同伴",凋零的凋零,远遁的远遁,靠拢的靠拢。在给张灏的信上,将"五四"以来飘零海角的一群"学术名流"和自己的际遇相对衬时,他有着无比沉痛的感怀:

　　"五四"是过去了,那一时代的人,除了极少数像赵元任等真有学术成就的以外,大多数只做过一小点学术工作,或者开开风气。实实在在,他们在思想上的底子薄弱得可怜,因此对近代中国社会文化的激变并没有真切的认知。于是,他们惶惑了。时代的大变动、大震荡,震掉了他们青年时代漂进来的那一层浅浅的底子,他们在狂风暴雨里站立不稳;但是他们还要保持"学术名流"的空中楼阁。他们变得不愿面对现实世界,他们对中国的激变已失去反应的能力。因此他们对激变里出现的新形势连正眼也不敢看一下。于是,像 E. Fromm 所说,他们要逃避自由,要依靠残影,要躲在冰山似的权威底下。多么可悲的幻变啊!我呢!我受过这一代人的影响,但却没有来得及尝到他们尝过的甜头,新知识分子期待的黄金景色被战神抹掉。我所接受的,是一连串时代的苦难考验。我待在这个几乎没有灵魂的岛上将近二十年。……我如今,头发如霜,现实里的一切,什么也不属于我,连基本的生存也成问题,还要学生朋友来支持,并且还要向那陌生的"学术市场"出售自己。(《书信集》第69页)

一个如此关切时代、关切同胞命运的学人,最后沦落到"连基本的生存也成问题",竟要"向那陌生的'学术市场'出售自己",内心之凄苦,夫复何言!

有位师兄曾对我说:"在中国,自由主义已经没有发展的余地,殷先生是中国最后的一个自由主义者。一个自由主义者,充其量做个烈士,但也不能改变现况一些;现在呢? 连烈士也做不成了。"看看民国以来的历史,一个自由主义的知识分子,如果跟现实环境妥协,很容易走向升官发财的路子;如果不跟既得利益阶级妥协而继续伸张他的理想,那就必然会导致悲苦的命运。诚如殷先生所自况的,他是界于保守与激进之间,两头都不上岸:知识贵族化的心态,未能与世界大潮流共进,同社会大多数民众脱节,以他这样有节操的知识分子,复遭封建势力的排斥,这是他的悲剧的根源。

"作为一个大学教师,我已被一只无形的手击至遍体鳞伤。"(1966年10月15日给屈莱果教授信)这是悲剧的结局,是正直人讲真话的代价。与他同时代谈"自由""民主"的人士,有的人越谈楼房盖得越高,有人却逼困至此,竟无容身之地! 每每念及此情此景,愈增缅怀之思!

卢苍兄说:"我的思想方向和观点,跟殷先生已很不同了,可是,每当我翻阅他的信件,吟味他的语言,想念他的夐高理想、远大的眼光、超人的勇气、无穷尽的斗志、率真的性情、馨香的人格、对社会人类的关怀,内心总浮起一阵阵的温暖。"(《书信集》前记)诚然,在台湾的二十多年内,殷先生的一些观点虽因时代与环境的局限而有所蔽,但他毕竟留给我们不少的东西。他的人格教育,比他在知识上、思想上所留下的,还要深远。他的率真,他的耿介,他的斗志,他的风骨,在这样的环境里,越发显得可贵。他坚定、不屈,真正能够做到富贵不能淫,威武不能屈。他的品操——永远不和既得利益妥协的品操,是使他的思想可以继续往前走的动力,也是使他和大部分自由主义者特异的地方。

　　1978 年 9 月 16 日　完稿于殷先生逝世九周年之日

与殷海光师三日游

——殷海光先生去世十五周年

陈平景

  1967 年暮春三月，殷先生突然到我住在温州街的小屋来，说他准备到台湾中南部去旅行，要我陪他走一趟。他说一切旅费由他负担。

  这时的殷先生早已无课可上，禁止演讲，冷落的门庭，也早已站着"狼狗"。他想"易地谋生"，到美国去，却又不准出境。国民党处心积虑逼他离开台湾大学，设计由"教育部"聘他为"教育委员"，而聘书却由"警总"交付。他不屈从，特务还不肯罢休，有一天，竟然又带着那张聘书跑到殷家，要他接受。殷师母在卧室听到书房的争执声，知道先生的委屈，心痛如割，忍无可忍，排户而出，痛骂特务欺人太甚，逼人太甚，无法无天，对付一个手无寸铁的教书先生，要人走投无路，接着痛哭失声。殷师热泪盈眶，抱住颤栗的师母，命特务滚出去！而一位以道德学问为幌子、三十多年无选民而每月照样拿民脂民膏的无耻之徒，继续落井下石，诬指殷师为"费正清集团""卖国集团",侮辱殷师。在那种冰天雪地之下,他的处境和心境,正如他自己以前所写的一篇文章:"……虽然,我置身于这小书室中,我正神驰于古今的兴亡历史,可是我毕竟与这样的一群人处在同一个时代和同一个岛上。我的身体,正像一切讲思想自由和言论自由的人之身体一样,毫无掩蔽地暴露在一个没有约束的权力之下……"

正在此时,任教于台南神学院的孟绝子知道殷师的困境,赶快跑到台北,恳切邀请殷师南下散散心,并且说神学院有一位洋教授是饱学之士,对殷师慕名已久,希望能在古城台南谈谈学问。这话很对殷师胃口,他常苦于无人可谈,便欣然答应。3 月 10 号我们搭快车南下时,在台北站送我们的是陈鼓应,而在台南站接我们的是孟祥柯。

"怎会产生这么贫乏的文明?"

十七年前快车上吃的饭是用铝饭盒装的"排骨菜饭",还有茉莉花茶供应。殷师上车之后,忙着看风景,全神贯注,像一个小孩子那样好奇,一直到了中午饭菜送来时,他才一面吃饭喝茶,悠然看着车窗外亚热带的暮春说:"我 1949 年 6 月 3 号来台湾,在基隆上岸,到今天,十七年间,从来没有离开过台北近郊,李敖说我对于台湾的认识只是台湾铁路沿线的台湾。今天看来,我对这铁路沿线也谈不上认识,真惭愧。你看,这虽然是个小岛,自然景观却这么秀丽。真美!我刚才一直拿这里跟大陆风光来比较,拿我第一次单独坐火车到北平去所见到的,和今天的比较,和我三十岁以前在大陆所见到的比较。比起来就是个'不同'两字。古老大陆的黄淮平原、云贵高原、四川盆地、江南风光,显得别具一格,没法儿相提并论。一个是苍茫辽阔,一个是小桥流水,各有千秋。在这样不同的自然景观之下,产生的人物也不完全一样。古老大陆出的人物和台湾此地的人物,味道颇不相同。你看李敖那种气概!那种霸道!那种虽千万人吾往矣!我感慨特别深的,体会特别深的,就是拿我们西南联大的学生和今天台大的学生比较,这一比,使我有茫然若失之感。老弟,你是没有这种经验的。比优秀、比聪明、比成绩好——在某方面来说,那台大或许比联大强些,但一想到人的气象,那股说不出的味道,唉!那真是一块出人物的古老大地哟!"啪!他把筷子一放,挺直了上身,收缩了下巴,饭再不吃了。他的姿态表示他在严肃地沉思。良久,他慢吞吞地,咬文嚼字地,很费力地说:"我常常想找出一个答案:这么多年来的人物,怎么会产生这么贫乏的近代文明?其主因究竟在何处?"

这样严肃了好久,他自己有点醒悟他的"多愁善感"似的,换了轻松的口气对我说:"我们何必活得这么辛苦?连十七年第一度的旅行,也要谈这些大问题。我告诉你,孟祥柯这个人就是典型的大陆时代的学生,他那天从台南跑回来按我的门铃,我让他进来,他坐定,两道目光冒着亮光,一口男中音的北方话,不快不慢,态度那样诚恳,音调那么柔和,教你怎么不出门的诸葛亮孔明,也会心甘情愿跟着他走,毫无拒绝的能力。我就是这样一口答应下来的。他不到十分钟,一阵风那样走了,毫不拖泥带水,潇洒极了。我决定以后,拿出两套西装,一新一旧,问我太太,究竟应该穿哪一套呢?我太太慎重其事,指着旧的那一套说:'你当然穿这一套啰!'真是说得正中下怀,本来嘛,我根本和时下的人不同一个价值嘛!"

　　自从被禁止教书,禁止演讲,甚至连出版的书也被查禁之后,老师常找我陪他出门散心。去看罗业宏夫妇、傅伟勋夫妇,谈的是最近的读书心得。到政大再过去的乡下看林毓生的父母亲,使他高兴了许多天,他说这老先生和老太太是真正敦厚可敬的中国人。找鼓应去碧潭划船、谈心。陪他去金耀基、韦政通家里吃过饭,韦先生是一见面三四个小时不停谈学问;去听过杜维明在师大的演讲。去看过士林的玫瑰园和养金鱼的鱼池堂,到天母和淡水去看落日,吃鱼。有钱时,上重庆南路买书,到西门町买领带;黄昏时,他踱过温州街,找我陪他去喝现做的新鲜果汁。去看过电影——《阿拉伯的劳伦斯》,这是老师惟一一次看电影。后来又上西门町去做了一套西装。这些所有的活动范围,都是不出台北市。中南部之行,真可称为破天荒了。

殷师吃的"知名度"

　　车过嘉义,许多果树出现在田野间,车厢里旅客也有人带着一笼一笼的水果。殷师说以前在大陆听说台湾,就想到香蕉、凤梨,其实台湾最好的水果是芒果。我那时以为那只是个人的嗜好,并不以为他的味觉有高人一等之处。今天,我离台十六年,长期住过欧美、南美、日本,短期住过中国大陆、非洲。天下的水果今天让我品评,我也说台湾芒果世界第一。殷师不只是好吃出名,他的味觉的确高人一等。他选领带,常常空手而归,看不上眼,不买。有一次他一下买两条,一条送给我。我一点也不喜欢,为了纪念他,勉强带到海外来。不料我住巴黎数年,我打的却总是殷师送的那一条领带,别的我看不上眼。关于吃的"知名度",我几次在北京拜访老师的老师沈有鼎老教授,沈先生总问我:"殷福生到台湾还喝咖啡吧?"又说:"他这人真怪,在昆明战时这么穷,他一有点钱,就是吃好的,那时什么叫好呢? 就是几个广东人做的小点心,今天还觉得很好。殷福生在做学问上面,他有他自己的一套。"我听到这些话,打从内心深处感到温暖,殷师的生活细节,竟能三四十年还留在他的老师记忆之中,也必能留在我们做学生的记忆之中。

下午四点多到达台南,孟绝子准时在出口处笑脸相迎。我们先到台南神学院,晚饭由那位洋教授夫妇设宴请我们三人,吃的是西餐,饭后在客厅喝咖啡。洋教授夫妇一句华语也不会,殷师始终以英语和他们谈了三个多小时的哲学。当晚由老孟掏腰包在台南当时惟一的观光饭店叫台南大饭店订了房间,我们一到六楼开门一看,全套洋设备,殷师高兴自不在话下。第二天早上起床不久,纯西式早餐送到我们房间外面的小洋台,老师吃得津津有味,连声说他不相信台南会这么洋化,并约好我们下一站到日月潭,要到最有名的涵碧楼去开开洋荤。

台南之游一共看了几个名胜,包括安平古堡、亿载金城和赤嵌楼。老孟又请我们吃了许多好东西,现在记得的是老师最喜欢的炒鳝鱼。再住一天,神学院院长和殷先生谈了一些神学的问题,一位开业医生夫妇请老师到他们家去。第三天挥别台南的老孟,我们到台中去。

在台中的时间很短,却去游了台中公园。出发要去日月潭时,殷师说搭公共汽车去失掉人的尊严,要雇小车子去。十七年前小汽车在台中也不多,由台中雇车去日月潭的人更少。我去办交涉,讨价还价。上路以后,殷师才真正离开了铁路沿线,亲眼慢慢看了公路两旁的乡下风光。

游日月潭遇上宪兵

我们在太阳下山时赶到日月潭公路局车站,休息一会儿,就很轻松地散步走过这临湖的小街,准备到涵碧楼去。走到湖边码头的路上,突然被十几个武装宪兵端着卡宾枪挡住去路,宪兵说:"不许往前走,你们走开!"这一幕太突然,也和这安静的湖光山色太不和谐了。但我那时已服过兵役,殷师在抗战末期,投笔从戎,当过青年军二○七师的士兵,我们两人都没有给吓倒,内心一点也不害怕,不着急。我找到一个配带手枪的宪兵,告诉他说,这位是台湾大学的教授,我是他的学生。我们来此旅行,要住涵碧楼一夜,明晨离开,请他让我们过去。这宪兵一听到涵碧楼三个字,口气很严肃地说:"你们赶快离开,涵碧楼今天任何客人也不许住进去,你们快找别的旅馆去!"我们一听,知道事情不妙了,有要人来游湖了。殷师与我交换了一个眼色,心中一千万个不愿意,但却只能往回走,走了大约有十分钟,突然他开口说:"我们回台中去吧!"我说:"好!"但是难题来了,公共汽车没了,小汽车走了,我们走不成了。既扫兴又无奈,我们只好找到一家小旅馆。在吃饭时,端茶的老妇人低声用本地话对我说:"'蒋总统'今夜住在日月潭,你们吃过饭不要到外面去,回房间休息,警察刚才来吩咐过了,一会还会来查身份证。"我正要翻译给殷师听,他却告

诉我:"我栽了。"(意即我知道了)

这一夜,我们本来长途乘车,很疲倦了,却躺在垫被上辗转难眠,一夜默默,也未交谈一句话。

次晨起个大早,准备结账离开此地,却见昨夜的宪兵撤走了,一个和平又安静的湖,在晨光中迎接我们,我们也尽情畅游了三个小时,然后登岸搭汽车到埔里去。

在埔里吃中饭,殷师说,我们去吃台湾乡下菜吧。到了一家人声鼎沸的台湾馆子,吃了炒米粉和猪肝汤,又赶车上雾社去。

那时的雾社,像远离尘俗的世外桃源,脱俗而又幽静,浓密的森林覆盖着整个山岭,几乎没有游客。我们坐在一棵大树下的石头上,俯视山谷,与这半开化的山城交换呼吸。殷师双手抱在胸前,挺直上身,欣赏天上的浮云,很平静地开口说:"既然是全民拥戴的民族救星,怎么天天出门都要跟着这一大堆卫兵,如临大敌?好像惟恐别人随时要他这条别人可死光,他却永远死不得的老命。"稍停一会,又说:"明明是个败军之将,别人死了,他逃到这小岛上来,还在作威作福,到处别墅。果真有一点点责任心,一点点羞耻心,就早该引咎辞职,换别人来干。如果是日本军人,像他这样子,早切腹自杀了,还有什么颜面在我们面前这样威风,这样作威作福?"

对被"召见"的回忆

山童来兜售土产,把殷师的话打断,把我们的注意力吸引去了。我们才看到一群六七岁的男女孩子,手提竹篮,兜售吃的和极简单的手工艺品。每一个孩子的眼睛都那么澄清明亮,态度朴素可爱。此地曾是日寇屠杀我们同胞的小城,抗日的古战场也,今日呈现在我们眼前的却是宁静的和平,除了山风、峡谷、满眼浓绿,就只有鸟鸣和山童的嬉笑声了。殷师又说到他以前对我说过的隐居之言,要带几本书,上山来过极简单的生活,要闭关,了却凡尘。

但我深深了解,殷师是入世的人物,他关心人群的前途,有诗人的热情,向真理永恒地追求。他以一个十七岁的黄冈乡下青年,只身北上,到北平去,就是以极不凡的抱负,向真理追求的表现。他有报国、救国的热情,恰好又生在一个破落户的家,一个破落户的国。一个国,到处是被列强啃蚀的伤痕,遍地烽烟。这位有理想、有热情的青年,强烈感到自己的责任。他在北平时,正好"七七"卢沟桥事变爆发,他目睹日军侵略者在北平东单牌楼举行入城式,这件事,震撼了他的心灵,他痛切感到国家的危亡已在旦夕。

就在这样的背景之下,他将民族的希望寄托给宣传上的一个人。在当时,千千万万热血青年正是这样的,把希望寄托在一个假象之上。

"老师,您上次说过,在您被'召见'之后,才恶梦初醒。那次'召见'的情形到底是怎样的呢?为什么会使您如恶梦初醒?"

"详细的时间、地点,我不愿意去想,也不愿意去说了,但是那个过程一定要你记起来。我到了侍从室人员指定的地点以后,一个大厅等着好多人,好多要人,有各方的大员,有集团军总司令、省长、部长,种种等等。我就在一张沙发上一屁股坐下去,这下子不得了,这些要人一齐注视我这个穷小子,显然给吓了一大跳。等我定了神,仔细看这些报上常见到的人物时,才看到一幅人间奇景,什么呢? 不管他是总司令、省长,还是部长,一个个半个屁股贴在沙发上,正襟危坐,毕恭毕敬,那副奴才相,至今忘不了。轮到我了,到一间大房子,那个人坐在正中间,有一扇大窗户在他头顶上,强光照在被召见的人脸上,他看你,清清楚楚,你看他呢? 圣上的脸是不好给随便看清楚的,所以是迷迷茫茫。他开口问一些籍贯、家庭一类的话,突然说,你学哲学的,王阳明哲学念过吗? 我如实答说念过,没有深入研究。这下他开始自拉自唱谈王阳明了,我的感想是'不知所云'四字,完全不是那回事儿! 那他为何要如此不知藏拙呢? 这就是人的权力冲昏了头,强不知以为知,就是装模作样。本来一个武夫,没有墨水有何关系,何必如此……我懊悔啊! 我不该去的,以后逢人问起这件事,我就绝口不提。"

　　山风凉了,我们赶车离开了雾社,赶回台中买了太阳饼,再赶回台北,结束三天之游。

1984 年 8 月 30 日于日本热海

给陈鼓应的信

鼓應學弟：

　　現在灯下，提筆寫信給你，心頭有說不出的滋味。

　　要中英進行的事，時機已很緊迫，稍縱即逝。還得你自己再去"釘"緊一下。因他是洋那邊來的，說話香些，且無人事情感上的牽聯。

　　如有需商量處，除下星期一下午有事外，每日下午四点都可來舍。

　　內心有難以言狀的悽涼。幸得二三知己，稍感慰藉。人和人內心深處相通，始覺共同存在。人海蒼茫，但願有心肝的人多多互相溫暖也。

　　　　見面再叙，茲不一一　　謹祝

儷安　並
進步

　　　　　　海光　一九六六年一月
　　　　　　　　十■四日寫

1966 年 1 月 14 日

鼓應學弟：

一

版稅勿亞洲出版社結算未？此事是這樣的："邏輯新引"出版之初，該社只付"版稅保證金"約合美金五百元。此後我一再依合同要該社結算版稅，社方一再置之不理。無已，不久前我託香港一學生託律師寫了一信給該社，花了二十五元港幣。大概這下該社怕吃官司，所以"找起殷海光來"。發行已大版之多，請你跟他弄明白。每本二十四元。

我們知識分子的腦汁被奸商喝夠了，今後宜籌自救之策才好。

二

久欲請你們幾位吃飯，但苦乏資本。版稅拿來後，擬同你面商一下。

餘面敘　　即祝

健樂

陳小姐好

海光　四月十二日

1966 年 4 月 12 日

鼓應學弟：

　　一，湯小姐乃不俗之女子。彼畢業值得紀慶：務需即早舉行，請你們吃飯。因遲，則期考臨頭。請速告何日較妥。

　　二，印書事，經校改之過程，方知非簡單，亦須重新面商，火速作一決定。

　　不一　　即祝

大佳

　　　　海光　六月三日

1966 年 6 月 3 日

鼓應學弟：

1

昨前兩天和宋瑞樓醫師等晤談，知我的身體情況無問題，且該種新藥萬不可乱打。歸來後胃口日佳，故住院事當作罷論。請轉告查老師。

2

便中請代購該論及宗教的書，你的存在主義一册，及其他你認為對我有益的書。購書款項總數最好請勿超過一百元：見面時奉還。

3

餘事面敘。　即問

儷安

小胖好

海光　六月十一日

1966 年 6 月 11 日

鼓應學弟：

　　那本書有否代我還給
洪先生？

　　請快來一談。即祝
全家福

　　　　海光　七月二十五日

1966 年 7 月 25 日

鼓應學弟

　　我擬於近期作大度山之遊，想約弟同往。未知二人需費共幾何？草草。請即來一商，以便準備。

　　　　不一　　即祝

早安

　　　　　海光　二十八日晨

1966 年 7 月 28 日

鼓應學弟：

今晨查老師来舍。他說剛才已向錢校長及沈院長提及你事。他們回稱，在今天的情形之下，你只好兼任，專任事以後再看。

我覺得既有這麼多的先生們關心並愛護你，你的前途是很光明的。希望弟忍耐一時並努力向學，建立起獨特的自我。

再叙　　謹祝
秋安
太太致意，小胖好

海光　八月二十三日

1967 年 8 月 23 日

鼓應學弟：

　　盧澄乾給我的郵簡，今晨我過了也不知去向。你昨天看了之後，有否不經意的夾在那本邏輯教本裡或別處？(我有一次也如此。)請你找找看。

　　不一　　即祝

大好

　　　海光　　九月一日

1967 年 9 月 1 日

鼓應學弟：

　　又是許久未見。近日得便，
希於某一下午過我處一談。

　　　　不一　　即祝

儷安

　　　　　　海光　十月五日

1967 年 10 月 5 日

鼓应学弟：

又是许久未见了，近况可好？在念。

前几天曾去老师曾求求庭。看样子，此老还是兴致勃勃的。

即祝

不一

全家福

海光 二、二二

1968 年 2 月 22 日

鼓應學弟：

　　未見久。近況可好？

　　便中希過草舍。有問題須
請教也。

　　　即候

儷安

　　　　海光　三月一日

1968 年 3 月 1 日（之一）

陳欣小先生大鑒：

　　上次台端駕臨敝舍時，大奮神威，一手掃滅蘭花六朵。鄙人植蘭，終年澆水，從未間斷，頗為辛勞。這下損失慘重，痛心疾首。原擬進貢小領袖美國糖十塊。今小領袖滅花六朵。每朵扣糖一塊，故餘四塊，以示抗議，並希笑納。　即頌
萬歲

　　　　　殷海光　三月一日

1968 年 3 月 1 日（之二）

鼓應學弟：

　　我預備這個星期六，即二十五日，下午四點半，請你的太太同小胖來舍吃飯，同渡周末。你一個人在家休息，看家。

　　如荷同意，不必回信。餘容面叙　　即祝
全家福
　　　　　　海光　二十一日

陈欣小先生：

又是许久没有看见你了。我很想念你哩！你好吗？长高了一些没有？

我想这个星期六下午四点半请你同妈妈来我们家。你可以在我们家跑跳，然后一起吃饭。那不是很快乐吗？

见面再谈　　祝你

长得更胖

殷老师　五、二一

1968 年 5 月 21 日（之二）

小胖先生：

上個周末，台端在草舍表現良好，並且吃了不少雞腿。我想獎勵你一下。

不過，我發現你大發雄威，把我的樹木扔到河中，害得我又要一根一根的撈起。所以，我現在要少給你十塊糖。莫怪！

希望再見到你　　即祝

快樂

殷老師　五月二十八日

1968 年 5 月 28 日

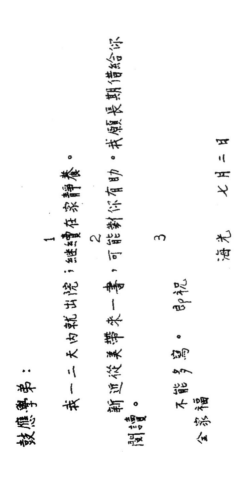

敬應賢弟：

　我—二天内就出院；繼續在家靜養。

1

　斯近從未辦來一事，可能對你有助。我願長期借給你

2

閱讀。

3

不能多寫。即祝

全家福

海光　七月二日

1968 年 7 月 2 日

這包禮物
是送給陳家
愛笑的小胖
娃娃過聖誕
節的。〔註一〕

海光十二月一日

〔註一〕
窮人送窮
人。

1968 年 12 月 1 日

鼓应贤弟：

又是许久未见。近况怎样？在念。

1
我们要请你们全家来台过圣诞节。时间是二十四日下午四时半。希准时前来。

2
当然，最重要的客人是小胖。务请旅馆推小王子驾临为幸。

许许全面秋 即祝
全家福

海光 十二月十日

1968 年 12 月 10 日

鼓應學弟：

我今天上午出街買文具，順便把昨夜所說的"哲學百科全書"在虹橋書店瞧見買了一套。因此，我托哲學系代買的事撤銷。請你轉告新裝一聲。

不一　即祝

全家福

海光　十二月三十日

1968 年 12 月 30 日